Turning the Page: The evolution of the book
by Angus Phillips

翻页：书的演变

［英］安格斯·菲利普斯　著
上海出版传媒研究院　编译

上海大学出版社
·上海·

图书在版编目(CIP)数据

翻页：书的演变／(英)安格斯·菲利普斯(Angus Phillips)著；上海出版传媒研究院编译.—上海：上海大学出版社，2021.6
ISBN 978-7-5671-4249-7

Ⅰ.①翻… Ⅱ.①安…②上… Ⅲ.①图书出版—研究 Ⅳ.①G23

中国版本图书馆CIP数据核字(2021)第105914号

Turning the Page：The evolution of the book/by Angus Phillips
ISBN：9780415625654
Copyright © 2014 Angus Phillips
Authorized translation from the English language edition published by Routledge, a member of the Taylor & Francis Group; All Rights Reserved.
Shanghai University Press is authorized to publish and distribute exclusively the Chinese (Simplified Characters) language edition. This edition is authorized for sale throughout Mainland of China. No part of the publication may be reproduced or distributed by any means, or stored in a database or retrieval system, without the prior written permission of the publisher.
本书贴有Taylor & Francis公司防伪标签，无标签者不得销售
上海市著作权合同登记图字：09-2021-0315号

责任编辑　贾素慧
封面设计　柯国富
技术编辑　金　鑫　钱宇坤

翻页：书的演变

[英]安格斯·菲利普斯(Angus Phillips)　著
上海出版传媒研究院　编译

上海大学出版社出版发行
(上海市上大路99号　邮政编码200444)
(http://www.shupress.cn　发行热线021-66135112)
出版人　戴骏豪
＊
南京展望文化发展有限公司排版
上海华教印务有限公司印刷　各地新华书店经销
开本 890mm×1240mm　1/32　印张 6　字数 140千
2021年6月第1版　2021年6月第1次印刷
印数：1～1 500
ISBN 978-7-5671-4249-7/G·3338　定价　48.00元

版权所有　侵权必究
如发现本书有印装质量问题请与印刷厂质量科联系
联系电话：021-36393676

中 文 版 序

欣闻拙著《翻页：书的演变》中文版在中国即将出版，非常高兴！感谢我的好友李武先生把这本书推荐给上海出版传媒研究院以及后续在联络方面提供的帮助！我们相识于2018年，那时他以访问学者的身份在牛津布鲁克斯大学国际出版研究中心交流学习；之后他返回北京大学，完成博士论文写作并加盟上海交通大学从事教学科研工作，期间我们也偶有联系。感谢上海出版传媒研究院的研究团队，感谢从事本书具体翻译工作的唐桂芬、姜波和沈逸鲲等诸多老师！

自从本书由劳特利奇出版社在英国首次出版以来，出版产业一直面临着有关图书电子化和图书究竟如何发展变化这类议题的困扰。对于出版产业来说，这是一个变革、试验和挑战并存的时代。关于电子书的官方统计数据表明，电子书快速发展的趋势在近些年已经趋于平缓甚至停滞。但是，我们得意识到这种统计并没有将大量自我出版的图书纳入其中，也应该明白电子书销售在某些类型小说中（如言情浪漫小说）销售量是非常强劲的。伴随着电子书的发展，有声书在近些年中也得到了很好的普及，尤其备受年轻人的青睐。

图书形态持续在发展演变，但印刷图书仍然很有市场，尤其对于休闲阅读而言。维尼拉电子书的成功也充分表明了图书的基本架构对于线性阅读（如虚构类和叙事非虚构类图书）依旧非常重要。与此同时，相对于其他众多的多媒体项目（这些项目投资巨大，但经常回报率很低），图书的商业模型一直保持自己的稳健性。

令人高兴的是，随着本书中文版的问世，它终于可以与我的另外一本书《透视图书出版》[①]的中文版相伴相随了。借此机会，我也向中国读者表达自己最美好的祝福。

安格斯·菲利普斯

于牛津

2020年6月

---

① 本书中文版由李武翻译，中国书籍出版社2016年出版。

目　录

前言 …………………………………………… 001
　　数字浪潮 …………………………………… 002
　　重大主题 …………………………………… 004
　　图书本身 …………………………………… 005

第一章　作者身份的民主化 …………………… 001
　　成为作家 …………………………………… 002
　　自助出版 …………………………………… 006
　　宣传推广 …………………………………… 010
　　网络创作 …………………………………… 014
　　协作项目和融合 …………………………… 018
　　手机故事 …………………………………… 022
　　博客 ………………………………………… 025
　　未来之路 …………………………………… 028

第二章　慢阅读 ………………………………… 033
　　阅读下降 …………………………………… 034

国际差异 ·················· 040

阅读阶层 ·················· 044

媒介竞争 ·················· 048

电子阅读 ·················· 051

阅读科学 ·················· 056

隐私 ······················ 061

快速阅读 ·················· 063

阅读的未来 ················ 066

第三章 数字时代，网络资源难道应该免费吗？ ········ 070

版权制度 ·················· 070

音乐产业 ·················· 076

报纸 ······················ 081

对图书行业的启示 ·········· 085

盗版 ······················ 089

数字版权管理 ·············· 091

版权制度的未来 ············ 094

第四章 数字化资本 ···················· 100

数字化冲击 ················ 103

可发现性 ·················· 105

口碑营销 ·················· 111

书籍赠送 ·················· 117

书籍借阅 ·················· 119

	商业模式 ……………………………………	123
	人际关系的价值 …………………………	127
	网络模型和数字资本 ……………………	130
第五章	全球图书 …………………………………	134
	迈向全球文化? …………………………	134
	通用语 ……………………………………	140
	同质化与翻译 ……………………………	145
	电子书 ……………………………………	153
	走向全球 …………………………………	156
第六章	多样性与趋同性 …………………………	158
	语义网 ……………………………………	158
	书籍该怎么办? …………………………	162
	全部免费 …………………………………	170
	融合 ………………………………………	173
	下一代读者 ………………………………	174

编译后记 ……………………………………………… 176

前　言

这是图书业一个激动人心的时代,一个创新、实验和变革的时代,但同时也是图书业的恐慌时代,因为其必须适应书籍创作和书籍消费方式的变化。随着消费类书籍经历转型,数字化早已到来,数字化对每个人的影响显而易见。

本书并没有试图涵盖出版业的形式和功能,对此笔者将在另一本书中进行解读。① 相反,本书目的是分析图书出版行业的基本驱动力,研究数字化和其他社会发展对图书产生的影响。笔者认为图书出版行业依赖于 3 个驱动因素:作者、读者和版权。图书需要作者和读者,而图书的经营依赖于可以有效利用知识产权和保护知识产权的制度。

笔者的观点来自出版研究领域,鉴于其跨学科性质,笔者还从商科、社会学、神经科学和心理学等一系列学科中汲取了理论和研究成果。由于在撰写本书之前,其他媒体已经经历了数字化转型,所以笔者调研了音乐和报纸领域正在发生的变化。除了观察全球图书行业,笔者还对作者、数字出版商等行业专业人士进行了一系列采访。尽管笔者希望以国际化视野完成本书,

---

① Giles Clark and Angus Phillips. Inside Book Publishing: 5th edition. Routledge, 2014.

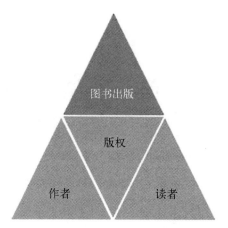

图1 图书出版行业的核心驱动因素

但由于自己所掌握的一手经验均来自英国图书市场，因而不可避免地会存在偏颇。

数字浪潮

　　本书的重点是大众出版，或者说是消费图书，这是目前最能感受到数字化时代的领域，尤其是成人阅读小说显著倾向于电子化。期刊或专业出版领域向数字出版的转型已基本完成，而教育出版领域则深受政府政策的影响。数字出版领域正在快速发展，试图分析最新的出版初创企业或每月电子书销量数据没有任何意义。在美国这个电子书发展最发达的市场，虽然自2013年以来的增长速度似乎有所放缓，但电子书已经深入渗透到部分市场，尤其是小说市场。

　　笔者曾将数字化对出版界的影响比喻成如潮水般涌入沙滩。[1]

---

[1] Angus Phillips. 'The Digital Tide in Europe', paper given at the World Book Summit. Ljubljana, Slovenia, 31 March 2011.

有些沙洲未受波及，但海水会逐渐冲刷到每一片区域。在世界上的某些地区，印刷品仍是主要媒介，但随着互联网和移动技术的进一步普及，海水还在不断涨潮。数字化出版的形式多种多样，可能是中国建筑工人在手机上阅读、土耳其孩子在平板电脑上学习，或是俄罗斯上班族在地铁上使用专用的电子书阅读器。

关于印刷与数字的争论已经结束。移动设备和电子阅读器正在普及，屏幕阅读形式的时代已经到来，在火车、公交车站和海滩上，这样的阅读情形随处可见。向数字化的过渡还意味着我们可以不必再争论，在视觉媒体时刻争夺我们的注意力这样的猛烈冲击下，图书是否将会消亡。[①] 或许有些人备感意外，但图书经过不断的数字化演变和革新试验后依然存在。现在，我们可以开始展望图书的发展方式以及将来的变化。

如果说图书已经变得无关紧要，那么令人惊讶的是，它居然引起了科技巨头——谷歌和苹果公司的注意：谷歌被高质量内容所吸引；而苹果的联合创始人最初则宣称图书毫无吸引力。作为最大的互联网玩家之一，亚马逊在图书领域迈出了它的第一步，并开发了一个电子阅读器。这个电子阅读器开拓了屏幕阅读的兴趣市场，使屏幕阅读脱离了工作属性。从理论上讲，当在收入超过固定成本的情况下拓展市场时，电子书较低的边际成本使出版更具效益。然而较低的成本门槛意味着，传统出版社面临着来自作者自行出版、文学经纪人（或文学经纪公司）出版旗下作者的再版目录、出版初创企业，以及亚马逊等拥有出版业务的渠道商的竞争。同时，可在线获取的用户生成内容对图书的商业价值造成了干扰。

---

① See, Angus Phillips. 'Does the Book have a Future?' Simon Eliot and Jonathan Rose. *A Companion to the History of the Book*. Blackwell, 2007.

所有的这一切都是在某些市场纸质书销量下滑的背景下发生的。此外，随着印刷复制行为失去价值，读者期望图书更便宜甚至免费。

由于数字化的发展，图书行业中出现了一系列全新的术语。普通电子书是印刷文本的简单转换，此外还有增强版电子书（添加了音频和视频）和数码电子书——如iPad等被专门研发出的新设备。出于营销原因，出版商仍称这些产品为"图书"，却将传统生产方式抛之脑后。纸质书不得不优雅退位，让自己被称为"实体书"。

从电脑到手机，再到 Kindle 或 Nook 等专门的电子阅读设备，你可以通过一系列设备阅读。当你放下电子阅读设备，使用手机后还可以同步阅读，从文本的同一位置继续阅读书籍。与此同时，纸质书并没有消亡，它被赋予了其他优势：触觉体验、物权、自我满足感和记忆存储角色。

对作者来说，如今有比以往更为繁多的途径发表自己的作品，以纸质书、在线阅读或电子书的形式出版书籍并直接出售，还可以获取读者反馈。作者的世界变得更为民主化，但由于供过于求，作品成为畅销书的机会十分渺茫。

重大主题

以下4个方面主导了对图书演变的背景和结果分析的探讨，与本书前3章所研究的作者、读者和版权的主要驱动力密切相关。

首先，去中介化——随着数字生产和发行的到来，去中介化绕开了出版业价值链中的传统参与者，新的参与者随之而来。作者需要出版商吗？读者需要实体书店吗？作者可以和读者直接对话，出版商可以和读者直接对话，科技公司可以和用户直接对话。旧的内容创建和发行模式正在被打破，人们不断开展革新实验。J.K.罗琳直接向读者销售电子书籍，亚马逊拥有自己的出版业务，读者也可直接置身于新书的创作之中。

其次，全球化——随着电子书的到来，世界另一端的读者不必等待一本书的印刷、发行或译制，可以在首发时就下载并即刻浏览。这是书籍和知识以新网络传播的全新方式和蕴藏的巨大机遇，缺乏发达的实体书分发基础设施的国家也拥有了直接访问内容的途径。但是，电子书的到来是否预示着以英语出版的图书占据更强的主导地位？

第三，融合性——体现在多方面，其中包括多种类型媒体存在于同一移动设备上。图书必须直面与游戏、报纸、网络和社交媒体的竞争，可谓风险与机遇并存。人们对最新的跨媒体产品（尤其是图书）的品味易于趋同，用户将无法区分媒体的类别，他们思维方式的趋同性会使内容以新的方式建立联系。

最后，可发现性——读者究竟如何找到图书？作者可以自行出版自己的作品，出版商可以把自己的书放到亚马逊上，图书应用程序可以放到 iTunes 上——但人们怎么去发现新书呢？如果大街上的书店或公共图书馆消失了，偶遇新书的习惯将成为过去，取而代之的将是什么？这一点还有待商榷——是社交媒体提供答案，还是根据我们的阅读习惯进行针对性的广告推广？

图书本身

图书本身会发生什么呢？形式的拥趸认为图书只是盛放内容

的容器,它们已然过时,应如唱片一般被淘汰。如此做法会使那些想握有控制权的出版社倒闭。图书只是形式,成熟之际可以作为单独的章节或以任何有意义的形式发行、销售。这将有助于实现标准化、低价格,甚至免费提供内容,图书编辑流水线工作可以转型成新的内容管理者。用户自我创建个性化的媒体作品,自由选择、收藏和混编内容。图书不再具有边界限制——必须是正方形或者矩形;它们可以是任何格式或长度,不受印刷限制。我们已经可以看到短篇写作形式的回归,比如故事集和短篇小说,以及对市场做出即时反应的连载小说。

笔者将本书副标题取作"书的演变",是因为观察到图书并非是完全颠覆原有形式。迄今为止,普通电子书是数字世界中最成功的书籍形式,其经济模式目前是具备可行性和优势的,因为它复制了纸质书的运作方式。你可以创作一本可视化图书,但大多数这样的项目都因为高成本而亏损。还有的公司将图书与其他财力雄厚却产品线有限的游戏和媒体公司的产品展开了直接竞争。

现今图书形式多样,形状大小不一,可被快速地推入市场,或是以多媒体技术呈现,亦或是成为激发人们思考力和想象力的线性文本。图书世界的道路不再是一成不变的,随着革新,它必将还有其他的形式纷呈。

第一章
作者身份的民主化

"你是认真的吗?那就找个会计来。"
希拉里·曼特尔对作家的第一条准则①

不言而喻,没有作者就没有图书的存在。出版业的食物链依赖于作者的存在,他们中的大多数并不是为了谋生而写作。有些人写作是为了赚取外快,学术作者则希望事业更上一层楼。而许多人只是渴望用笔在纸上书写(或许更多人是在敲击键盘),这根植于内心深处,因为他们知道自己想要写作。

作者的收入水平较低,在英国平均约为 11 000 英镑,因此绝大多数作者的收入不足以维持生计,②所以他们往往还从事着其他职业。矛盾之处在于,虽然有许多新兴途径供作者们选择,作者们却仍旧向往写作和以图书的形式出版作品。如果人们想写作,每天发布博客即可,还会立即吸引成千上万的读者。但当英国首相托尼·布莱尔想要写自己的首相传记时,并没有选择博客,他想

---

① *Guardian*,22 February 2010.
② Neill Denny, then editor of *The Bookseller*, interviewed by Toby Walne, 14 March 2011.

记录自身经历,写成纸质书仍是最好的方式。

从自助出版到新的写作形式,数字化的到来为作者进行创新和试验提供了更大的空间。迄今为止,这些发展在以作者为主导的出版中表现最为明显,类型小说领域尤甚。

成为作家

与出版商接洽存在难度,这也增加了其吸引力。譬如,对于一个初出茅庐的小说家来说,被主流出版社注意和接纳的机会仍然很低。出版商不再会从成堆的手稿中挑选作品,大多数出版社不会接受不请自来的投稿。在小说领域,他们希望通过文学经纪人来运作,这种趋势曾是为了改变人才的筛选方式。反过来,文学经纪人可能也更愿意推荐有联系的或合作过的作家。总会有新人遗珠在邮箱中被发掘,这种情况仍会发生,但很罕见。不管新作者是怎样被发掘出来的,对他们有利的是,出版商总是在寻找新星,并围绕着这颗新星宣传。对处于职业生涯发展期的"中游"作者来说,他们可能会发现自己正被出版商和文学经纪人抛弃,因为出版商们面临着寻找下一个天才的压力。

文学代理在很大程度上是英美出版体系中的一种现象,在英国,他们始于19世纪末。恰逢印刷出版业蓬勃发展,国际版权制度得以加强的时代,作者获得了足够的经济酬劳和其他方面的回报。[①]在法国社会学家皮埃尔·布尔迪厄看来,作者获得了可观的文化资本,著名作家受到款待和赞美。作者聘请经纪人能与出版商签订更有利的条款,从而增加收益,其专业性也受到强调,并因

---

① See, Mary Ann Gillies. *The Professional Literary Agent in Britain 1880 – 1920*, University of Toronto Press, 2007.

此提高地位。出版商消除最初对经纪人的敌意后,逐渐意识到一个能够挑选和培养人才的经纪人所带来的好处。在目前多渠道的大环境下,商业作家已经开始严重依赖他们的经纪人,除了出售翻译权和各种各样的电子版权外,向电影、电视、电脑游戏等其他媒体领域出售版权也非常重要。

经纪人在欧洲大陆较为少见,这或许与全球化的英语出版市场相比,欧洲大陆的出版体系中的金钱味通常较少有关。在20世纪90年代的法国,文学经纪人要进入法国市场的消息让出版商们感到恐慌,他们认为经纪人的出现将改变或摧毁"艺术家和编辑之间原本神圣不可侵犯的关系"。① 此外,有人认为法国文学出版的不确定性将遭动摇。版税支付的实践检验表明,处女作小说家可能只有达到一定的销售门槛后才能获得版税。

10年后,当美国作家乔纳森·利特尔通过经纪人将其小说《善心女神》(2006年)的版权出售给一家法国出版商,同时保留其他语言版权的决定引起了巨大轰动。他先用法语撰写此书,2009年再以英文出版。此书好评如潮,同时荣获法国龚古尔文学奖和法兰西学院文学大奖,他通过经纪人操作出版事宜的重要性也得以凸显。利特尔在法国《世界报》上接受采访时说:"在英语世界里,如果你想出版一本书,就得先找一个经纪人,所以我从不做他想。反而对我来说,直接将手稿交付于出版社的法式概念是陌生的。我确实理解这让一些法国人感到担忧,因为在法国,一种微妙的平衡行为确保了某些书的出版,而这些书在其他地方可能永远不会被出版。这种体系是有代价的。在法国,几乎没有作家能以书谋生;除了作家本人之外,整个出版利益链条都能从作家的书籍

---

① William Cloonan and Jean-Philippe Postel. 'Literary Agents and the Novel in 1996', *The French Review*, 70: 6(1997), May, page 796.

中获利。"①

在2007年的一项针对英国和德国作家的调查中发现,作家们的工作环境是"赢家通吃"。在英国,前10%的职业作家(写作时间超过50%)的收入占作家总收入的60%;而在德国,前10%的作家收入占比为41%。相比之下,英国后50%的作家的收入占作家总收入的8%,这个比例在德国为12%。由此可见英国作家的收入差距更大,7.2%的作家收入在10万英镑以上,而样本中只有1.7%的德国作家收入在10万英镑以上。② 这可能反映了英语在世界范围内的影响力更大,或者英语翻译成其他语言的概率更高。这项研究结论不可避免的是,大多数作家如果没有其他收入来源就无法谋生。2012年,一项针对英国作家的预付款调查显示,有19%的作家未收到任何预付款;40%的作家收到不超过5 000英镑的预付款;19%的作家收到不超过15 000英镑的预付款;22%的作家收到15 000英镑以上的预付款。③

参加创意写作课程也是与出版商取得联系的途径之一。近年来,这些课程的兴起再次反映了写作的流行:美国就有800多个写作课程项目。这些课程一方面为已有作品发表的作家提供就业机会(著名的马丁·阿米斯曾是英国曼彻斯特大学教授);另一方面,学生则从导师和同学的建议中受益。大多数课程都以写作工

---

① Littell was interviewed by Samuel Blumenfeld, *Le Monde des Livres*, 25 February 2009. The text is taken from thekindlyones.wordpress.com. accessed 27 January 2012.
② Martin Kretschmer and Philip Hardwick. *Authors' earnings from copyright and non-copyright sources: A survey of 25,000 British and German writers*. Centre for Intellectual Property Policy & Management, Bournemouth University, December 2007.
③ Author survey by the Writers' Workshop. posted 24 May 2012, http://www.writersworkshop.co.uk/blog/author-survey-the-data/. accessed 14 November 2012.

作坊的形式展开,在这期间,学生向同学们朗读其习作。文学学者路易斯·梅南德将研讨会描述为"一个过程,一个没有脚本的表演舞台,一种迫使人们去做与本性截然相反的两件事的机制:真正地写东西(而不是计划'将要去写'),然后坐在那里,直到陌生人进行干扰"。① 关于创意写作课程的意义,众说纷纭。作家是否真的可以被教授出来?但优质的写作课程无疑是成功的,它们吸引了人才,又反过来吸引了热衷于挖掘新秀的经纪人和出版商。小说家威尔·塞尔夫对创意写作课程持怀疑态度:

> 也许你可以使一个平庸的小说家稍显出色,但是一门课程并不能让一个人成为一名好的作家。伊恩·麦克尤恩和石黑一雄都获得了东英吉利大学的文学硕士学位,但他们本就是这方面天生的好手。有些人非常喜欢创意写作课程,要我说,还是去找一份工作吧,最好是一份卑微的工作。不然你要写什么呢?写作是表达新事物、探索新形式。你无法从教条中获益,除非你只想大量炮制惊悚小说或痛苦回忆录。②

从主流出版商经营的写作学院到提供重写提纲或完善完整手稿的编辑服务,为作家服务的整个行业都在发展。这样的操作被批评为利用作者,并把他们当作赚钱的途径。初露头角的作者还有另一种选择,那就是自助出版,作品有被传统出版社所采用的可能性,也成为一种吸引注意力和订阅读者的手段。对许多作者来

---

① Louis Menand. 'Show or Tell: Should creative writing be taught?' *New Yorker*, 8 June 2009.
② 'Can you Teach Creative Writing?' *Guardian*, 10 May 2011.

说,自助出版可能只是提供了找到读者的满足感,与此同时还有赚钱的机会。自助出版形式丰富,有以电子书的形式,也有在社区网站发布作品的形式。

自助出版

自助出版一度被视为虚荣心的产物,但如今已成为一种相对固定的模式,越来越得到重视。如果自助出版取得成功,被发现市场潜力的作者就有可能与出版商签约。一些大型出版社有自己的自助出版业务,例如企鹅出版集团于 2012 年收购了自助出版平台"作家方案"(Author Solutions)。作品可通过 PDF 格式发布在互联网上,供读者下载并在屏幕上阅读或打印出来。电子书(可以在专用设备或平板电脑上阅读的作品)提供了一条市场捷径,例如与亚马逊签约后,作者可以直接享有销售分成,而不必让出版商分一杯羹,低价图书的分成占比最高可达 70%。对在市场上有极大影响力的知名作家来说,电子书的销售也给予他们提高版税的机会。如果他们保留电子版权,有些公司愿意付与高价(从 25% 的行业标准升至 50% 甚至 60%),以便通过亚马逊独家销售。

既然存在自助出版这样的机制,版税又比出版商支付要高得多,作者为什么不直接印刷、出版自己的书呢?现在关于"虚荣出版"的反对之声已基本消失,自助出版的作者也荣登《纽约时报》畅销书排行榜。对一些人来说,这种方法无疑是奏效的。以惊悚小说家约翰·洛克为例,他是第一个卖出 100 万本 Kindle 电子书的自助出版作家。他知道印刷、出版自己的作品缺乏意义:"我很早就知道,在精装书和平装书的领域,我无法与那些巨头竞争。知名作家拥有庞大的企业支持,报纸广告和评论都在宣传他们,书店也

第一章　作者身份的民主化

在展示他们。作为一个自助出版的作者，我被排除在这些营销机会之外。更糟糕的是，我无法像他们一样承担费用，即使以低价印刷我的作品。"[1]但随着电子书消费市场的到来，他发现自己可以与之竞争，仅以99美分定价作品。实际上低价对他非常有利，因为花费不到1美元时，读者所面临的风险是最小的，更愿意付出。他还以同一个品牌撰写各种类型的作品，包括犯罪小说和西部小说。而既定的出版惯例应该是为不同的风格作品打造独立的文学品牌，以免使读者感到失望。

数字化先行的策略对美国作家休·豪伊来说也很有效，他于2011年7月以Kindle电子书的形式出版了短篇小说《羊毛战记》。3个月后他注意到销量开始激增，于是着手第二部作品，并吸引了一批投入的催更读者。他说："我把这比作是在工作室录制专辑和现场演奏之间的区别。当你现场表演时，你和观众从掌声中获得能量。我每天都收到电子邮件、Facebook帖子和推特。知道我正在为读者写作，真是令我振奋！我将我的电话号码作为彩蛋隐藏在一部作品中，人们发现后就会随机打电话给我。这种事情发生时很尴尬，但我喜欢这种明目张胆的透明。这趟旅程不会永远持续下去，为什么不好好享受呢？"[2]这本小说后来变成了五部曲，但休·豪伊拒绝把电子版权卖给一家美国出版商。因为没有这样的协议，他的作品销量也很好，尽管他还是把印刷版权卖给了西蒙与舒斯特出版公司。

自助出版作品的市场仍在发展中，但早期证据再次表明，只有少数作家实现"赢家通吃"。2012年发表的一项研究调查了这些

---

[1] John Locke. *How I sold 1 Million eBooks in 5 months*. Telemachus Press, 2011.
[2] Interviewed by Tim Masters, 'How Wool set Hugh Howey on the road to Hollywood'. BBC website, 7 March 2013.

自助出版的作家，其中有一半人2011年的收入不到500美元。前10％作家的版税收入占全部的75％，他们打算出版更多的图书，产生的版税收入高达11倍。① 出版咨询专家迈克·沙特金认为自助出版的作家需要保持高产量："所有最好的或是最成功的自助出版作家都说，成功关键之一是多产。你要不断更新才会有粉丝，粉丝才会继续买你提供的内容。但一旦你停止，他们就会忘记你。"② 英国作家协会前主席、"法尔科"系列犯罪小说的作者林赛·戴维斯提到自助出版需要投入大量精力在写作之外，成功的机会是有限的。"要想正确地自助出版，你必须投入大量时间，这意味着没有时间写作。你必须正确地进行投资。你只看到一两个取得了巨大成功的作家，但有成千上万的人只能卖出几百本书。"③

　　作为一名非常成功的青春文学自助作家，阿曼达·霍金售出了100多万本电子书。2011年在她决定与主流出版商圣马丁出版社签约，变得更为出名。为什么她在努力工作而赢得声誉后要改变路线，让自己被许多大出版商所吸引呢？签约的结果是，"水之幻歌"系列的4本书卖出了200万美元的版税。一方面，她希望看到自己的书在实体店销售；另一方面，她想专注于写作。阿曼达·霍金在博客上对震惊的粉丝做出回应，她描述了自助出版带来的压力，包括试图完成作品的整理编辑工作——"润色语句，检查重复性短语，流畅行文等等"。她在另一篇帖子中写道："我是一个作家，我想成为一名作家。我不想每周花40个小时处理电子邮

---

① Dave Cornford and Steven Lewis. *Not a Gold Rush*. Taleist Self-Publishing Survey，2012.
② Interviewed by the author，13 March 2013.
③ Interviewed by the author，19 November 2012.

件、调整封面格式、寻找编辑校对等等。现在我本人就是一个全能公司……我花了太多时间在写作之外的事务上。"①J·K·罗琳赞同她的观点,对自己的商业帝国发表了评论:"这真的很无聊。我应该更老练些吗?哦,我不在乎。不,如果能多花几个小时来写作,我几乎可以毫不犹豫地放弃商务工作。"②

罗琳就是一个成功作家的典范,因为担心盗版,她不愿意作品以电子形式出现。但在 2011 年,她冒险进入了自助出版行业,在自己的网站 Pottermore 上独家推出了《哈利·波特》电子书全集。当她被问及是否决定使该网站成为电子书的唯一零售商时,罗琳说:"这对我来说很简单……这意味着我们可以保证各地的人们在同一时间获得相同的体验。我个人很幸运,有足够的资源来做这件事,我认为我可以做到,没错。"③在哈利·波特现象中,罗琳既不需要从电子书中获得额外收入,也不需要为这个小巫师提供更多曝光率。尽管她的实体书和电子书大量被盗版,却没有影响她的销量。她希望 Pottermore 不只是一个出售电子书的工具,而是围绕电子书开发自己的社区。如今,罗琳还觉得减少盗版的方法之一是提供一个合法购买电子书的途径。

因寓言小说《牧羊少年奇幻之旅》(1988 年)而闻名的巴西作家保罗·柯艾略对盗版有自己的见解。他的出版商哈珀·柯林斯在网上发现他作品的盗版版本也许并没感到意外,但当他们发现这位作者自己也在免费上传作品副本时,肯定吓坏了。在接受《纽

---

① From her blog, 3 and 22 March 2011, 'Some things need to be said'; 'UPDATED: What I can say right now', amandahocking.blogspot.com.
② J. K. Rowling. interviewed by Decca Aitkenhead in the *Guardian*, 22 September 2012.
③ Michael Kelley. 'J. K. Rowling to sell Harry Potter Ebooks from New Website', *The Bookseller*, 23 June 2011.

| 翻页：书的演变

约时报》采访时，柯艾略分享了自己散布盗版文件的好处：

> 我看到了其中一部作品的第一版盗版，于是决定要把它放到网上。俄罗斯经历了艰难的时刻，没有多少纸张。我把第一本放在网上，第一年就在俄罗斯卖出了10 000本印刷版。第二年，发行量猛增到10万本。所以我说这起作用了。然后我开始把其他书放到网上，我知道如果人们读了一点并且喜欢的话，就会买这本书。我的作品销量在持续增长，有一天我出席了一个高科技会议，将此事公之于众。①

有人觉得这种做法是自拆墙脚，就好像所有人都无视"请勿践踏草坪"的告示一样。但把内容放在网上供人们试读确实是最佳宣传方式之一，阅读示例章节印证了这一点，这些章节既可以印在作者上一本书的末尾，也可以作为电子书下载获得，以鼓励读者阅读新作者的作品，或者激发他们对作者下一本书的兴趣。

宣传推广

柯艾略确实触及了作家工作中越来越重要的一个方面：自我推销。无论是自助出版还是由主流出版社代劳，作者都需要让自己为人所知并引起关注。"少年邦德"系列童书作者查理·希格森认为作家常常忽视推销自己的必要性，"如今，作家必须唱歌跳舞来向观众有效地推销自己。但这并不是什么新鲜事——查尔斯·

---

① Julie Bosman. 'Best-Selling Author Gives Away His Work', *New York Times*, 26 September 2011.

狄更斯曾举办读书活动来宣传他的作品。"①

朱丽叶·加德纳指出，作者的重心已从创作转向推广，自20世纪90年代以来，这种趋势甚至进入了文学小说领域。以前人们可能浪漫地主张作者远离大众市场的商业世界，但现在所有作者都必须履行角色："这位宣传中的小说家说他花了1年时间写一部小说，现在将用超过1年的时间接受一轮报纸、广播和电视采访，在书店读书会以及其他出版活动上进行宣传。这样重复性的活动在全球范围内随时随地进行，作品会在宣传活动结束后出版。"②

但是，那些希望待在自己的小阁楼里，让作品为自己代言的作者又该如何呢？有些人做得不错，比如J.D.塞林格在1951年《麦田里的守望者》出版后不久就隐居了，很少接受采访。小说家约翰·厄普代克在写作生涯早期很少被邀请进行宣传：

> 在我前15—20年的写作生涯中，几乎从未被邀请发表演讲或接受采访。作品应该自我代言和推销，有时封底甚至没有作者的照片。随着作者逐渐卸任写作旧职，他已经成为会走路、会说话、会为书做广告的人——这可能是一种比孤独地写作更愉快、更讨人喜欢的责任。③

1954年，欧内斯特·海明威在被授予诺贝尔文学奖的宴会上发表演讲："写作是一种孤寂的生活……一个在稠人广众之中成长起来的作家，自然可以免除孤苦寂寥之虑，但他的作品往往流于平

---

① Toby Walne. 'Could you become the Next Big Author', thisismoney. co. uk, accessed 27 January 2012.
② Juliet Gardiner. '"What is an Author?" Contemporary publishing discourse and the author figure', *Publishing Research Quarterly*, Spring (2000), page 69.
③ John Updike. 'The End of Authorship', *New York Times*, 25 June 2006.

庸。而一个在孤寂中工作的作家,如果他又确实不同凡响,那他就必须面对永恒或者面对缺乏永恒的每一天。"①

作者有机会累积忠实粉丝的条件,他们将继续期待作者的新书。一些文学小说的作者,例如唐娜·塔特,不会急于出版新书。她的畅销书《校园秘史》于 1992 年出版,10 年后另一部作品《小朋友》才问世。但是约翰·格里森姆表示,他在职业生涯的早期就得到了金玉之言"每年都会有优秀作品面世"。他闭关疾书,只花 60 天就完成了《鹈鹕案件》(当时他已经写了一半)。② 詹姆斯·帕特森是一位更高产的作家,他在 2009 年 9 月签署了一份合同,2012 年底前需完成 17 本作品。他为何能许下这样的承诺? 他有一个合著者团队,一同完成犯罪小说、科幻小说、言情小说和青少年小说。詹姆斯也是一位乐于挑战出版惯例的作家,用同一个系列名字写了不同类型的作品。他的作品会打上"詹姆斯·帕特森——故事有自身推动力"的印记出售。③

即使作者推拒媒体曝光机会,不愿在文学节、书籍批判会和书店签售活动中多次露面,他们仍会被鼓励使用 Facebook 和推特等社交媒体。意料之中的是大多数知名作家都有自己的网站、博客和推特。2011 年,又一位作家加入了推特的这场硝烟,乔恩·亨利在《卫报》上评论道:

> 无论以何种标准衡量,你都是当代文学巨匠。你的小

---

① Hemingway was unable to be present so the speech was delivered by John C. Cabot, United States Ambassador to Sweden. http://www.nobelprize.org/nobel_prizes/literature/laureates/1954/hemingway-speech.html, accessed 11 July 2012.
② Nicholas Wroe. 'John Grisham: A life in writing', *Guardian*, 25 November 2011.
③ Adam Higginbotham. interview with James Patterson, *Daily Telegraph*, 27 January 2010.

说内容丰富、瑰丽奇幻、充满诱惑,还是出了名的难读完。你获得过两次惠特布莱德图书奖,还有布克奖和金布克奖。你经常和比你年轻许多(也比你高)的美丽女性一起出镜,已被女王陛下封为爵士。还有什么疆土等待着你的征服,还有什么领域仍不服从你的统治?……嗯,推特就是其中之一。①

2011年,畅销小说《午夜之子》(1981年)的作者萨尔曼·拉什迪现身于推特。2012年1月,当他被告知在印度斋普尔文学节上露面可能会引发安全问题时,他取消了计划,这一事件之所以发酵成新闻不仅是因萨尔曼的活动取消,还因为他在推特上对此事保持沉默。

社交媒体的一个危险之处在于与读者的直接交流。2012年,英国登山作家乔·辛普森创作了《触及巅峰》之后发现自己受到了学生的攻击,这些学生当时正在为参加英国普通中等教育证书考试(GCSE)而学习他的作品。他收到的推文包括:②

"嗨,乔。我考了你的作品。因为你,我失败了。你欠我的!"

"就连我的英语老师也读不了前5章。"

"你的书就是我今年英语考试不及格的原因!!学学如何写作吧,文盲!"

"你做好准备了吗?因为考试而讨厌你的书!"

---

① Jon Henley. 'Salman Rushdie's Twitter Debut', *Guardian* blog, 20 September 2011.
② 见乔·辛普森的推特页面。查阅于2012年7月11日。

作者做出了如下回击：

"……孩子们充斥着狂躁的荷尔蒙，实在是可爱的一天……卑鄙的无辜者，愿你们都在酸苦胆汁里沸腾，晚安……"

"再见吧，无脑小孩。"

"好吧，我现在厌倦了这个，所以我要么停止使用推特，要么拉黑所有学生——为那些好孩子感到羞耻——但是讨厌的家伙会滚蛋的！"

最后，作者总结道："我一度认为作品被选入普通中等教育证书考试是一种巨大的荣誉。坦白地说，我现在开始认为这是一种折磨。"①

网络创作

网络为那些希望公开发表作品的作者提供了丰富的机会。对作者来说，能有一部作品在网站上发表就足以慰藉。他们还可以尝试新的体裁或类别，如最多 1 000 字的微型小说。有一些社区网站（例如免费制作和分享电子书的在线社区 Wattpad，被称为电子书中的 YouTube）可以为你的文章提供便捷的发布服务，无论是一次性全文发表还是连载形式。2012 年，Wattpad 每 2.5 秒就会吸引一个新会员，月活跃用户高达 1 000 万。除作家外，有大量的用户在阅读这些小说。网站上的小说题材包括言情小说、超自

---

① 'Mountaineer laughs off Twitter Row with "Spotty Schoolkids"'. *Guardian*, 24 May 2012.

然小说、同人小说等。① 由哈珀柯林斯出版社运营的在线文学写作社区 AuthonoMy 上有成千上万的书籍供免费在线阅读，排行榜上实时更新读者对作品的评分。网站挖掘新锐作家后，哈珀柯林斯出版社也会发布其中一些作品的电子书。

特定作者的粉丝可以在同人小说网站上投稿，以特定的风格、体裁发布章节或更完整的作品。2012 年，fanfiction.net 网站出现了罗尔德·达尔、唐娜·塔特和约翰·博伊恩（《穿条纹睡衣的男孩》作者）的粉丝。伊丽莎白·盖斯凯尔在完成小说《妻子和女儿》前离世了，这为读者提供了创造专属结局的机会。最受欢迎的作家包括简·奥斯丁和托尔金，但他们都远远落后于 J.K.罗琳，后者已吸引了超过 100 万的同人作品。2013 年，亚马逊推出了同人小说出版平台——Kindle Worlds。同人小说若是以电子书的形式出版，写手们就可以获得版权收入，亚马逊同时还会向原著作者支付一笔版权费用。②

读者在同人小说中天马行空，配对角色彼此存在的可能或不可能的关系。题材包括了同性恋——毕竟，是 J.K.罗琳自己宣布阿不思·邓布利多是同性恋。早期的一个例子来自《星际迷航》的粉丝，他们探索了柯克船长和斯波克先生之间关系的可能性。其他类型包括男男生子（在此类型小说中，男性生育）和家庭生活（在此类型小说中，情侣一起构建家庭生活并购买家具）。③

对许多读者而言，同人小说可能看起来只是衍生且无趣的，艾

---

① Grace Bello. 'Wattpad Revolutionizes Online Storytelling'. *Publishers Weekly*, 21 December 2012.
② Carolyn Kellogg. 'Amazon launches project to monetize fan fiction: Kindle Worlds'. *Los Angeles Times*, 22 May 2013.
③ Grace Westcott. 'Friction over Fan Fiction: Is this burgeoning art form legal?' *Literary Review of Canada*, online original, accessed 3 February 2012.

尼克·拉切夫如此描述她的热情:"写同人小说和写商业爱情小说一样有声望,人们总是想当然地认为我显然没有个人生活,当然也没有爱情生活,因此不得不虚构一个艳情人物。"① 然而,许多发烧友感激有写作、有分享并融入社区的机会。同人小说已经形成了自己的形式,比如"drabble",100 字微小说。此外,它还对改写制定了具有明确限制和时间尺度的规范。创造力被认为比原创性更重要,它可能源于在线互动。在关于参与性文化的文章中,亨利·詹金斯提到了书迷们:

> 不受权威机构和专业知识影响,书迷们维护自己解读赋值并构建文化准则的权利。他们不受传统的文学概念和知识产权的束缚,对大众文化进行扫荡,声称其素材为自己所用,并将其重构为自己文化创作和社会互动的基础。书迷们似乎模糊了事实与虚构之间的界限,仿佛书中的人物脱离文本而入世了,书迷们自己则踏入了小说世界的生活。②

知识产权是个有意思的话题。如上文所述,J.K.罗琳已经有足够的销量,不必过分担心远东地区的盗版而造成的销售损失。所以总的来说,她对网络上的同人小说保持着极大的宽容度,就像大多数成功的作家一样将衍生作品视为对自身作品的赞美和传播。2004 年,罗琳通过经纪人对《哈利·波特》同人小说的增长做出了官方回应,称人们对书的兴趣令她受宠若惊。她认为同人小

---

① Anik LaChev. 'Fan Fiction: A genre and its (final?) frontiers'. *Spectator* 25:1(2005), Spring, page 84.
② Henry Jenkins. *Textual Poachers: Television fans and participatory culture*. Routledge, 1992, page 18.

说应确保是非商业性的且非色情的,同人小说作者也应将作品的出现适当地归功于原作者(并非指罗琳本身)。

然而当密歇根州 RDR 出版商试图印刷出版一个广受欢迎的"哈利·波特词典"网站同名刊物时,罗琳持有不同看法,与在电影专营权方面取得巨大成功的华纳兄弟一起提起诉讼。这个案件被认为是同人小说及其商业范围使用设限中的重要事件。据报道,罗琳的反应如下:

> 罗琳女士严厉批评了范德·阿克先生和他的词典手稿,称其为从她书中摘取短语和事件的汇编,重写后"没有使用引号",还说手稿"草率""懒惰"。她说除了加快计划出版自己的百科全书之外,该词典手稿就是"衍生品"且"错误百出"。
>
> "它增加了什么?"她在证人席上发出诘问,"我的读者为了这本词典而浪费他们或父母的血汗钱,我认为这是一种讽刺。"①

此案更有趣之处在于,罗琳曾表扬过这个由斯蒂文·范德·阿克建立的哈利·波特网站。斯蒂文是一名学校图书管理员,也是《哈利·波特》系列的死忠粉,于 2000 年建立该网站。网站已增长到 700 页,并于 2004 年获得了作者的粉丝网站奖——网站索引页上还引述了罗琳说的话:"这是一个很棒的网站……我的天然家园。"②

---

① Anahad O'Connor and Anemona Hartocollis. 'J. K. Rowling, in Court, Assails Potter Lexicon'. *New York Times*, 14 April 2008.
② http://www.hp-lexicon.org/index-2-text.html. accessed 20 May 2013.

随着 E.L.詹姆斯的作品《五十度灰》的出版，同人小说在商业方面的可能性达到了新高度。此书先是自助出版，后来被一家商业出版商买走，使得"妈咪色情"小说应运而生。他们的理论是：有了电子书，没人需要知道你在读什么或买什么，这推动了言情小说和色情小说销量的增长。但这并不能解释印刷版的成功，这表明一些读者希望被人看到他们在阅读这类小说。杰西卡·韦斯伯格提到了这类书籍成功的主因：

> 《五十度灰》三部曲的作者 E.L.詹姆斯 40 多岁，是一名母亲和电视高管。该系列最初是《暮光之城》的同人小说，詹姆斯曾说过是以贝拉和爱德华为原型塑造了她的两个主要角色。尽管她笔下的人物都是大学生年纪，这些书最能引起詹姆斯的同辈人——母亲、妻子、美国脱口秀节目《The View》忠粉——的共鸣。如果她们真的拥有马鞭，会和滑雪板、山地自行车一起束之高阁。①

协作项目和融合

同人小说为协同写作提供了契机，互联网使这种形式变得更为容易。协同写作工具，例如温哥华的 Protagonize，使许多作者合作完成同一系列不同走向的线性和非线性叙事小说成为可能。② 读者可以自由浏览这种超文本小说，优质阅读设备的出现会促进这种类型的发展。

非线性叙事小说始于印刷书籍，读者可以选择故事情节的发

---

① 见《纽约客》博客。查阅于 2013 年 5 月 20 日。
② www.protagonize.com.

展方向,爱德华·帕卡德于 1980 年代首次出版的"选择你的冒险历程"系列是个中典范。这个系列的目标读者是 10 到 14 岁的青少年,他们是故事的中心人物,每隔几页就要面临一些选择;每个选择都会产生不同结局,而结局大约有 40 个。这些书不需要重复某页也可以反复阅读。① 到 20 世纪 80 年代中期,该系列图书的印数达到了 3 000 万册。还有一些基于故事的电脑冒险游戏,比如《霍比特人》,用户可以通过输入指令来进行游戏。

数字出版丰富了小说的超文本形式。2011 年,保罗·拉·法格的作品《发光飞机》出版。一位年轻的计算机程序员得知祖父去世后,为了清理他家 5 代人住过的房子,不得不返回偏僻的小镇底比斯,那里的居民有自己的语言。在那儿,他与儿时恋人、土耳其裔美国人耶西姆重逢,开始了一段过去混乱、现在依然混乱的浪漫史。他回想起互联网蓬勃发展的旧金山,除了发行线性叙事结构的印刷版和电子书外,还有一种数字版本,读者可自由选择路径进入文本而没有固定顺序。这种沉浸式小说的设计目的是使读者能够"深入探索故事的不同分支"。②《纽约时报》对传统版和数字版都进行了评价,数字版得到的评价相对较低:

我不建议您在线阅读《发光飞机》。文本的超链接浏览破坏其叙事动力,以至于整本书就像是 52 张文字卡片的拼凑,即投掷者比接球者更感到有趣。对这个网络项目最善意的评价就是:它读起来像是一部非常好的小说草稿,事实

---

① Scott Kraft. 'He Chose his Own Adventure'. *The Day*, 10 October 1981.
② Interview on Spark, 15 January 2012.

就是如此。①

可能由于出版商固有的保守出版形式,数字文本的可能性尚未被完全挖掘。作者当然热衷于实验创新,《少年间谍艾利克斯》的作者安东尼·霍洛维茨就是其中之一:"我很想写一个谋杀之谜,你可以点击有所怀疑的对话,然后发现这个人物在说谎。读者会化身侦探,靠自己努力揭开最终章节的谜底;或者是创造一本拥有不同视角的书,你可以选择其中任意角色成为叙述者。"②

目前还有混编形式,结合现有的素材,或者将它们带入一个新的流派。在音乐中,一首曲目可以由两首现有的歌曲混编而成,例如,雪地巡游者乐队的《追逐车流》和警察乐队的《你的每一次呼吸》混编成《你追逐的每一辆汽车》。小说中最著名的例子是一部僵尸小说与《傲慢与偏见》相结合,创作了《傲慢与偏见与僵尸》(2009年)。这本书在商业上大获成功,开篇就写道:"拥有大脑的僵尸肯定想要更多的大脑,这是举世公认的真理。"这部混搭作品保留了原著的大部分内容,增添了新梗,比如赋予班纳特姐妹武术技能,让她们可以与亡灵作战。

简·奥斯丁当然是没有版权的,鉴于她的名声和受喜爱程度,也不需要采取任何保护措施。好玩的创意和纯粹的剽窃之间该如何界定呢?《星球大战:未删节版》是一部向原版致敬的众包电影,每个业余电影制作人分到15秒的片段,可以是动画形式或戴着纸头盔的真人爱好者出镜,他们的努力得到了世界各地粉丝的

---

① Kathryn Schulz. 'A Novel of Flying Machines, Apocalyptics and the San Francisco Internet Boom'. review in the *New York Times*, 7 October 2011.
② Anthony Horowitz. 'The Battle for Books'. *Guardian*, 28 February 2012.

支持。2010年,这部影片在艾米奖评选中获得了互动媒体卓越创意奖。2011年,Q.R.马卡姆所著的《刺客秘密》就没那么受欢迎了。书中主角乔纳森·蔡斯有詹姆斯·邦德和杰森·伯恩的影子。这部作品延续了伊恩·弗莱明以外的作家续写邦德的传统(尽管他们得到弗莱明遗产管理机构的授权),人们有什么可不满意的呢?这本书一出版,读者就开始注意到其措辞与其他书中的段落有相似之处。有几处是从约翰·加德纳1981年出版的邦德小说《重新出山》中摘抄来的,有些句子只字未改,比如:"突然间他又看见了她,这时的她出现在喷泉后边,一束昏暗的灯光正照着她,光线由暗到明变化着。她身穿一件薄如蝉翼的睡衣,胴体暴露无遗,秀发已经披散,一直垂到她的腰际——好像有一阵轻风掠过一样,使她的秀发和透明的睡衣轻柔地飘起来。"杰里米·邓斯最初对这本书给出了高度评价,称它是"即时的经典之作",但当他发现其剽窃量之大时,吓坏了:

> 我还希望这个可怕的问题只是出现在开头;当我继续读下去就意识到全书都是这样完成的,很难找到不是逐字逐句窃取的片段。①

这部小说是巧妙的混搭,还是作者精心设计的文学笑话?经过调查,马卡姆本是布鲁克林一家书店的合伙人,真名是昆汀·罗文。读者挖掘他早期发表的作品,就发现他是剽窃老手。当被问及动机时,罗文说这不是恶作剧,但也很难令人满意地解释这些事情。他很乐于阐述自己的方法:

---

① 见杰里米·邓斯的博客。查阅于2013年5月20日。

我希望自己足够聪明,能想出复制粘贴的主意。但现实并非如此,我坐在那里,厨房餐桌上摊放着书,我一字不差地把文章打出来。一开始,我心里有一个情节,并寻找相同情境下的场景。当我开始为出版商编辑时,事情真的失控了。我被要求想出全新的场景去填充进旧场景中。就像人们评论的那样,这简直就是在制造弗兰肯斯坦(科学怪人)的怪物,一种拼凑的工作。①

如果他以混编的形式发表作品,或许会因其技巧而受到称赞。但是"借用"如此之多,他不太可能获得发表许可。即使是简短引用,出版业通常也不会愿意为此支付任何费用。这个故事给了我们什么启示呢?首先,也许没有必要在类型小说中发声独特;其次,网络上关于书籍的讨论已经很成熟了,此类社区现在是一股强大的力量。

对于那些喜欢写作的人来说,互联网提供了惊人的实验空间,但对读者有多大的价值仍然存在争议。有些人会喜欢探索超文本小说的不同路径,另一些人只会感到深深的挫败。对于那些渴望第八部《哈利·波特》小说的人来说,同人小说可能会让他们兴奋,其他人会选择定期重温原著。

手机故事

在小说连载出版的岁月,作者也是分期写作。1870年狄更斯之死,给《艾德温·德鲁德之谜》的读者留下无解之谜。网络文学

---

① 见杰里米·邓斯的博客。查阅于2013年5月20日。

的作者可以得到即时反馈并调整故事情节。手机小说起源于日本,取得了巨大的成功。此类免费网站,拥有百万本书籍,作者和读者大多为年轻女性。① 这一现象已传到中国,每月只需支付5元人民币(约合0.50英镑),就可以订阅50本书的阅读包,每月更新10本。整本书籍以低价打包出售,或者按章节出售,价格低至每章0.1元(0.01英镑)。还有由百万作家组成的社区,为一系列文学网站撰稿,或许定价更低,但是此类小说拥有庞大的潜在读者群。中国移动运营的移动阅读基地有1亿活跃用户。对作者来说,通过网络文学获得的回报可能比传统出版更多。举例来说,纸质书的页数有限,而网络文学可以像肥皂剧一样进行下去。读者可能最终要为大量章节支付350元(35英镑),大约是纸质书价格的10倍。因为他们按章节付费,所以对总价缺乏敏感度。

与需要国际标准书号(ISBN)的印刷书籍相比,中国的网络文学市场受到供应方面的控制较少。这一书号制度使当局能够监控出版图书的敏感内容,而且有人认为,这也能维持国有出版社的盈利能力。② 在移动平台上仍存在编辑限制,包括删除敏感的政治素材(比如提到国家元首的名字),但书籍数量的增加不受限制。有些不允许刊印的小说类型正在蓬勃发展,许多为此类市场写作的作者表示,成功的概率微乎其微。要想成为一名作家,你可能需要被文学网站的编辑推荐,或是偶然吸引了大量读者并迅速登上网站排名榜首。网络文学近2亿的庞大读者群或许会增加这一概率。③ 然而在中国,只有大约1万到2万名作家靠这种写作方式获

---

① Dana Goodyear. 'I Love Novels'. *New Yorker*, 22 December 2008.
② Qidong Yun. 'State vs. Market: A perspective on China's publishing Industry'. *Logos*, 24: 1(2013).
③ Figure from Cheng Sanguo, CEO of bookdao.com, interviewed by the author, 15 January 2013.

得合理的收入。位居作家榜首、最受欢迎的唐家三少在5年内赚了1 300万元（130万英镑）。①

在中国，流行的网络文学类型包括玄幻和言情，以及武侠等本土类型小说。其他源于网络的小说类型包括穿越和盗墓，后者被形容为"中国版的夺宝奇兵故事——只不过少了软呢帽和牛皮鞭子，多了八角帽和风水罗盘"。② 作者写的内容本质上是为了娱乐大众，可以即时获得有关角色和情节的反馈；他们可能每天撰写新章节，同时在网上发布。期望一个故事持续受到关注，可能会导致写作时缺乏原则，例如杀死一个受欢迎的角色意味着你也许会立刻失去读者以及未来的市场，因此必须有所权衡。中国作家杨莉说，中国人喜欢大团圆的结局。③

一部网络文学作品通常每章约有3 000到5 000字，可以用手机轻松阅读，这得益于汉字有象形与会意的特征。千夫长的《城外》(2004年)被称为中国首部手机短信小说，全文60章，每章70字，共4 200字。"当我开始写这部小说时，我很激动，我认为手机收到的文字信息不应该只是简单的笑话，它应该适用于更高的文学水平。"作者说，"这是一种截然不同的写作方式，70个字符在传统小说中都无法构成一个句子，所以我试图发现一个全新的文学领域，并且如履薄冰……我总是提醒自己要少些对话，少些描述。因为这是一本小说，我需要很好地叙事，但也需要节省空间，我不能浪费一个字，甚至是标点符号。"④

---

① The writer Yang Li, and Fu Chenzhou of China Mobile. interviewed by the author, 11 January 2013.
② Duncan Poupard. 'Of Tombs, Traps and the Intrepid'. *China Daily*, 3 August 2012.
③ Interviewed by the author, 11 January 2013.
④ Clifford Coonan. 'China's Mobile Phones lead a Reading Revolution'. *Irish Times*, 1 January 2011.

这种写作形式尚未在西方市场上普及,但世界各地的网络文学行为无疑正在增多,印刷或电影电视的衍生品都具有市场。日本写手 Yoshi 的作品《深沉的爱——步之物语》最初于 2002 年以网络文学的形式发表,售出了数百万本纸质版,并被成功改编成了电影。

博客

据估计,2010 年全球有约 1.5 亿个博客,其中许多处于非活跃状态。由于作者发现热度很难保持,大多数博客几个月内就被弃用了。对于作者来说,博客为他们提供了一个初出茅庐可以获得读者反馈的机会。博客可以通过广告和赞助(来自读者或希望推广产品的公司)盈利,为了变现就必须关注点击率和网站流量。然而据估计,60% 的博主是业余爱好者,不追求商业回报。这些人写博客是为了消遣,乐于借此机会抒发己见、记录亲身经历。

博客吸引了一批全新的作者。2006 年美国的一项研究显示,54% 的博主以前从未发表过任何作品。他们博客的主题是自己的生活和经历,形成了个人日志。超过一半的博主年龄在 30 岁以下,还有超过一半的博主使用化名。博客流行的主因是作者可以创造性展示自我和分享经验,只有 1/3 的人把自己的博客视为新闻写作。[①]

从政治评论到个人日记,博客的形式各不相同。写作风格通常是个人化和对话式,包括添加超链接、图片和视频。博主可能采用网名将自己与内容脱离开来,有助于保护私人生活或工作利益。

[①] Amanda Lenhart and Susannah Fox. *Bloggers: A portrait of the internet's new storytellers*. Pew internet & American life project, 19 July 2006.

翻页：书的演变

一些博客作者需警惕的是，有人会阅读作者的个人信息或对第三方的评论。在英国，"夜晚杰克"撰写了一篇有关英国警务现状的博客，当被告在案件到达法庭的最后一刻还能更改辩词；对于如何看待司法的不公，他说：

> 我们由此看到了"破解审判"现象。这与可卡因等毒品无关，是当陪审团都已出庭时，被告仍然在做最后的挣扎……现状是，就算被告在进入法院大门仍然无所畏惧，还有机会因认罪而减轻处罚。①

这篇博文获得 2009 年奥威尔特别奖，《泰晤士报》挖出了博主的真实身份是兰开夏郡警局的刑警——理查德·霍顿。霍顿曾向高等法院申请匿名保护令未果，法官说博客"本质上是一种公共活动，而非私人活动"，披露这名警员的身份符合公众利益。霍顿为此付出代价，受到警局的书面警告，此后博客一直处于僵尸状态。②

在葡萄酒写作等专业领域，博客显得尤为活跃："有关葡萄酒和其他饮品在全国性媒体上的写作空间正在缩小，但似乎没有人告诉博主们这一点。每周都会有新的葡萄酒博客出现，各种会议层出不穷，博主们也得到了出书的机会……"③有一条老生常谈的途径可以让博文出版成书，其中时尚界有个佳例，那就是斯科特·舒曼 2005 年创办的时尚博客"the Sartorialist"。斯科特开设博客

---

① 见"夜晚杰克"的博客。查阅于 2013 年 5 月 20 日。
② 'Night Jack Blog Detective issued Written Warning by Police Bosses'. *Guardian*, 17 June 2009.
③ Fiona Beckett. 'Wine Blogs are Growing by the Case'. *Guardian*, 8 September 2012.

的初衷是"创造一个时尚世界及其与日常生活关系的双向对话",写一些他在街上捕捉到的时尚案例,并把街拍图贴在网上。他现在还为主流时尚杂志工作。2009年,企鹅出版社出版了他的街拍摄影作品集,销量超过10万册。① 博客也可以引起人们的兴趣,比如2003年,名为"白日美人"的《伦敦应召女郎的秘密日记》首次问世,获得了《卫报》颁发的最佳博客奖。一位评委形容它的作者"绝对是在逐字逐句地操纵博客,远比她的竞争对手更有效。不仅仅是挑逗的脱衣舞方面为她增色,她愿意使用新形式的自助出版为这种以往不被提及的活动打开了一个巨大的世界窗口……作为一个博主,她是独一无二的。"② 最终,女科学家鲁克·马格南提博士自曝自己就是作者,她在个人网页上列出自己的兴趣爱好,包括威士忌、法医生物学和循证政策。③ 她出版了《伦敦应召女郎的秘密日记》和一本关于性神话的小说。

推特等微博客工具越来越受欢迎。到2012年,全球有1.4亿活跃用户,每次更新最多可发布140个字符。YouTube上只有1%的用户上传了视频,而推特上有60%的用户发过推文或上传过照片。推特的流行得益于智能手机的日益普及,推特贴和博文可以在Facebook等其他社交网站上分享。推特上已经有了小说实验,2012年,詹妮弗·伊根在推特上发布了一个新故事《黑匣子》,分阶段发布,为期10天。她在笔记本上手写提纲,而完整推文(总计8 500字)则发布在《纽约客》上。④

博客和微博客有助于建立一个更加开放的生态系统,任何人

---

① http://www.thesartorialist.com/.
② Simon Waldman. 'The Best of British Blogging'. *Guardian*, 18 December 2003.
③ 见鲁克·马格南提的个人网页。查阅于2012年2月10日。
④ Jennifer Egan. 'The Black Box'. *New Yorker*, 4 June 2012, page 84.

都可以在其中成为作者,但书籍仍然提供了一条获得潜在收入和更持久性的途径,也让作者有机会在相当长的篇幅内展开叙述或论证。史蒂文·约翰逊将一本非虚构图书与一篇博文进行了对比,认为前者提供了完整的世界观,"当你访问某人的博客时,你会获得一种美妙的、有时甚至非常亲密的感觉;但当你沉浸在一本书中时,你会得到一种不同的体验:你进入了作者的思想,通过他们的眼睛看世界。"[1]同样的,小说为读者打开其他媒体无法比拟的内心世界,是基于他人的第一人称体验。

未来之路

正如我们所见,作者要想找到读者或是出版作品,有许多新途径。数字世界使作者身份民主化。无论是在亚马逊上投放电子书还是创建博客,任何人都可以成为作家、吸引到全球读者,问题在于他们是否能阐述一个有趣的故事。现在,作品可能公开发表后才会进入实质性筛选,读者才会参与作品质量认定过程。

如果将电子书的出现视为精装本和平装本的另一种形式,则其为作者提供了益处。对小说家林赛·戴维斯来说,"我曾经有忠实读者会购买精装本以装点书架、购买平装本烂读于心;如果我足够幸运的话,他们现在还会购买电子书填充自己的 Kindle。有证据表明我的读者正在这样做。"[2]数字技术为写作提供了更紧密的联通性。作者可以在写书时与读者保持联系,获得有关材料和情节的反馈。他们可以访问实时销售数据(例如通过亚马逊),以确定哪些书需要续集。他们可以发动读者为作品建议或投票选出最

---

[1] Steven Johnson. *Everything Bad is Good for You*. Allen Lane, 2005, page 186.
[2] Interviewed by the author, 19 November 2012.

佳标题。粉丝们可以看到作者下一部作品的完成字数。既然现在可以访问电子书销售商收集的数据，作者就有机会了解自己的作品是如何被阅读的，并得到反馈——读者跳过了哪些页面，又对哪些段落流连忘返。

并非所有人都希望采用这种互动方式来撰写作品，但它确实将作者作品的推广方面带到了创作本身。如果潜在读者早期就参与其中，他们将更有可能购买最终作品。以流行歌手兼作曲家伊莫金·希普为例，她与粉丝关系密切：

> 在希普……的专辑《椭圆》制作过程中，她定期发布一篇视频博客，讨论音乐灵感的形成。在这张专辑制作的两年中，她最终在 YouTube 上发布了 40 集视频。每一集中，她都会演奏自己的音乐片段，阐释想法并寻求反馈。大约 5 万名粉丝定期关注这个博客，对内容发表评论。希普收集了这些评论，使用推特和 Facebook 等不同类型的数字渠道与粉丝对话，让粉丝的反馈影响她的创作过程。[①]

2010 年，作家兼营销大师赛斯·戈丁宣布，他不再对出版传统书籍感兴趣。他每天都发布一篇博文，拥有众多的读者粉丝。他相信，相比写一本传统的书籍，他可以通过数字手段接触到更多的人。他不是为了从博客中获利，因为他作为评论员和演说家也同样出色。他对出版业的观点直言不讳：

> 图书业的工作真是出色而令人不可思议，他们还在

---

① Patrik Wikström. *The Music Industry: Music in the cloud*. Polity, 2009, page 176.

翻页：书的演变

做 1965 年时期该做的事情，如：赋予图书业以光环，强调伦理的重要性，具有优秀的品味，创作引以为傲的作品。面对瞬息万变的世界，我想不出 2010 年图书行业有哪件突出的事情是 1990 年没做过的？一件都没有……因此尽管我还不确定自己以后会采用何种形式写作，但我不打算再像 1907 年出版精装书那样出版它。①

出版商会说，这是个不缺钱的人，他已经有了一系列畅销书，而且这些书还会继续出售。也许他不需要再写书了？但是，赛斯·戈丁对数字传播的皈依是强有力的，正如他深信思想病毒式传播一样。此后不久，他与亚马逊合作发起了"多米诺（Domino）"项目，目的是帮助一批高水平的作者凭借有关思想创意的书籍进入市场，就像多米诺骨牌一样，通过人推人的方式，沿着一条线向下传播有影响力的创意思想。这些书将很快推向市场，不论何种格式——电子书、音频以及精装书。该项目于 2012 年暂停，戈丁宣称它是成功的。

皮埃尔·布尔迪厄看到了两种不同的文化产品生产体系之间的对立。一方面，有些生产者的目标受众是他们的同行（同样是这类产品的生产者），这在许多国家的沙龙文化中有所体现；还有一部分是针对普罗大众，即非文化产品生产者。"尽管存在一定程度的吸引力，知识分子和艺术家总是以怀疑的眼光看待那些令人眼花缭乱的成功作品和作家，有时甚至把世俗的失败看作是来世救赎的保证：造成这一现象的原因之一是，'普罗大众'的干涉威胁

---

① Jeff Rivera. 'So what do you do, Seth Godin, Author and Marketing Guru?' mediabistro.com, 25 August 2010, accessed 20 May 2013.

了该领域对文化奉献的垄断。"①然而不久前,这一区别至少在个别国家被打破了,市场规则开始适用于文学小说。现今,作者身份的新维度使任何人都有成为作者的可能,并以不可预见的方式接触、影响市场和读者。大多作者都希望自己的作品能拥有更为广泛的读者群。

总体而言,同人小说、社交媒体和协作文学运行在一个有别于传统书籍的世界生态系统中。从家庭小说到盗墓小说,网络写作产生了自己的体裁。但是,当某图书出版商挑中一个成功的博客并把它出版成书,或者同人小说以《五十度灰》的形式成为主流时,图书世界可以发生交互,并已确实在交互着。匿名可能会给博客作者带来一些好处,但不适用于那些需要通过在媒体和节日上曝光来提高销量的图书作者。作家从写作转为推广,不得不为之,这是他们现在工作内容的一部分。他们的读者想要更多地了解他们,甚至希望在文学节上遇到他们。有些人会认为这是作家的不幸,但也有一些可用的工具如社交媒体,可以促进他们与读者的直接联系。

我们不得不回过头来问,究竟为什么还会有许多人想写书呢?主要是出于喜爱,而不是为了赚钱。写作谋生毫无保障,有证据表明只有少数作家才能获得高回报。虽然约翰·格里沙姆和詹姆斯·帕特森有动力成为畅销书作家,其他作家只是为了在写作过程中获得纯粹的快乐和取得成就。有些作家知道他们必须写作,而且可能从小就知道这一点。写作满足了他们自我实现的需要,就像艺术家必须绘画或音乐家必须创作音乐一样。② 作为一名作

---

① Pierre Bourdieu. 'The Market of Symbolic Goods', in *The Field of Cultural Production: Essays on art and literature*. Columbia University Press, 1984, page 6.
② See, A. H. Maslow. 'A Theory of Human Motivation'. *Psychological Review*, 50(1943), pages 370-96.

翻页：书的演变

家，在作品中展现了人们尊重和珍惜的价值观，可获得敬佩和提高声誉。甚至在作者身故后，这种效应仍会持续存在，直到博客被停止或关闭。博主玛丽亚·波波娃提出："网上发布的很多内容实质上是为在几小时内消失而设计的。"① 如果保存得当，电子书没有理由不能久存，但迄今为止印刷书籍仍具有其他传播形式所没有的持久性。

当众多接触读者的途径已被开辟时，为什么作者还想要有出版商呢？他们可能只想写作，对商业和营销活动了无兴趣。约翰·洛克是一位成功的自助出版作家，在自我营销上投入大量精力。出版商为作者的作品提供信念、鼓励和肯定——这对许多读者来说仍然有效。除了编辑设计、市场营销、出版物印刷生产之外，出版商可能还会预付版税——用于资助写作和调研的时间。此外，许多非虚构项目都是由出版商发起的，再由出版商联系作者。

那作家做什么呢？正如《别相信任何人》一书的作者 S.J.沃森所说："作家写作，他们不会整天坐着思考，或者穿着睡衣，捧着一碗可可米，白天看着电视，等着灵感降临（虽然偶尔允许这些行为）……你得靠自己，只有你和一支笔，你的勇气和你的整个想象世界。这很可怕，也很令人兴奋。"②

---

① Interviewed in the *Observer*, 30 December 2012.
② S. J. Watson. 'What a Creative Writing Course Taught me'. *Guardian*, 18 January 2013.

第二章
慢 阅 读

"你不能把那些翻开一半的书弄得到处都是,好像你正在读它们似的!"

"我是没读,但这样可以创造出好形象。"

——伍迪·艾伦编著电影《呆头鹅》(1972年)

没有作者,会导致图书前景受限,没有读者也是一样。保罗·奥斯特说:"如果你写了故事或诗歌,你就希望拥有读者。"[1]当然,也有很多好书仅被少数人阅读过。人们普遍认同阅读是有益的,阅读带来的个人效益和社会效益远远超过受过教育、有文化的人们对经济所做出的贡献。如果研究表明读者数量在下降,这重要吗?其中的利害关系是什么?还有其他学习和开发我们智力的方法吗?我们将如何指望图书与其他各种抢占我们注意力的媒体竞争呢?

调查显示,随着时间的推移,阅读率在许多国家持续走低,本章将探讨相关证据及可能的原因。这些问题包括:在一个竞争需

---

[1] Interviewed by John Wilson on *Front Row*, BBC R4 programme, 7 December 2012.

求往往十分激烈的世界里,人们失去了阅读的时间,新一代读者的兴趣不断下降,读书正在被其他形式的阅读如博客和网站所取代吗?阅读的科学告诉我们大脑的变化,并表明在一些数字设备上阅读,其速度会更快。

阅读下降

处理有关阅读的数据时应遵循谨慎性原则,但至今未见令人满意的相关数据,各国之间横向比较的数据更是不尽如人意。由于读书被认为是一项高尚的活动,因此一些接受综合调查的受访者可能不愿吐露自己只字未读。

对阅读的纵向研究表明,从电视时代开始,读书量就一直在下降。荷兰是一个阅读文化非常浓厚的国家,1975年至1990年的一项日志研究发现,荷兰人的阅读水平正在降低。其主因有二:首先,人们的生活变得繁忙,留给阅读的时间越来越少;其次,阅读被电视所取代。这项研究显示,那些在电视问世之前就已经长大的人可能仍会忠于阅读。1975年到2000年显示荷兰人的阅读量总体没有下降,因为一般调查表明,读书消遣的人口比例仍略高于50%。研究对1975年和2000年的同一周进行了更为详尽的阅读习惯调查:1975年10月的一周中,有49%的人至少读书(非工作或学习类)15分钟,而这一数字在2000年10月的一周中下降到31%。[①]

约翰·P·鲁宾逊和杰弗里·戈德比关于美国人时间分配数

---

① Wim Knulst and Andries van den Broek. 'The Readership of Books in a Time of De-Reading'. *Poetics* 31(2003), pages 213 - 233; Wim Knulst and Gerbert Kraaykamp. 'Trends in Leisure Reading'. *Poetics* 26(1998), pages 21 - 41.

据的研究表明,趋势缺乏持续性而难以概括。首先,他们的研究与荷兰的一项研究结果相呼应,即电视占用了人们读书的时间。1965年,未拥有电视机者每天阅读时间为14分钟,而拥有电视机者每天阅读时间仅为8分钟。回顾20世纪80年代,阅读仍不失为一种常见的弹性自由活动,虽然读报纸时间有所减少,但阅读书籍和杂志的时间却在增加。同期群分析显示,在研究期间(1965年至1985年),几乎所有年龄组的阅读时间均随着年龄的增长而增加。

人们可能会感叹,(1985年)人们花在阅读上的时间只有看电视的1/6,但似乎随着年龄的增长随之增加了阅读时间。女性尤其支持或依赖这种"过时的"休闲活动。[①]

分析显示,虽然人们可能主观感觉更繁忙了,但总体上他们获得了更多自由时间。从20世纪60年代到90年代,大部分成年人增加的空闲时间(女性每周4.5小时,男性7.9小时)都贡献给了电视,总体阅读时间(包括杂志和报纸)却略有下降,从每周3.0小时降至2.8小时。研究显示在最后10年,增加的空闲时间并未被电视全部占用,例如男性把一些额外时间花在新设备、电脑或健身方面。研究者认为,这些数据尚未显示出使用电脑对其他活动的影响,但他们预见电脑用户比印刷品和其他媒体的使用率更高。

明确的世代效应,可能会逆转阅读的长期趋势。1957年,苏联成功发射人类第一颗人造地球卫星"斯普特尼克1号",震惊了美国朝野。美国政府因而提高警惕,向科研和教育投入了大量资

---

① John P. Robinson and Geoffey Godbey. *Time for Life: The surprising ways Americans use their time*. Pennsylvania State University Press,1999,page 150.

金,从而刺激了更高水平的出版业产出。当这一时期的婴儿潮一代有了自己的孩子,儿童书籍开始成为一个有利可图的图书出版领域。"斯普特尼克1号"这一因素对文化水平的影响一直持续着,"直到今天,婴儿潮一代买书的比例比其他人都高……(他们)也偏向出于职业发展需求而买书,这似乎反映了在他们的童年时代,知识传播受到高度重视。"①

美国国家艺术基金会一直在定期调查人们参与艺术活动的情况,于2004年发布了一份《阅读风险》的报告,引起轰动。② 报告总结道,在过去20多年中,美国所有群体的文学阅读量都在迅速下降,而且下降的速度还在加快,尤其是年轻人。事实上,阅读人口比例从1992年的60.9%降至2002年的56.6%。2009年发表的一份后续报告《阅读在增长》,在某种程度上缓解了《阅读风险》的结论所带来的不安,强调美国成年人阅读文学作品量有所增长。③ 与下降趋势相反的是,几乎所有被调查群体都出现了"决定性的、明确性的"增长。18至24岁的年轻人阅读文学作品的比例增加了近9个百分点,意味着新增读者340万人。

中国似乎存在一种同辈效应,即自20世纪80年代以来受益于更好的教育机会,有更多的年轻人在阅读。中年人会觉得很难从读书中获得乐趣,他们可能会因为身负工作打拼、照顾孩子或父母等一系列重任而感到时间紧张,仅阅读报纸、杂志或网上的内容。相比之下,20几岁的年轻人有时间读书,文学经纪人黄成龙

---

① Linda M. Scott. 'Markets and Audiences', Chapter 4 of *The Enduring Book: Print culture in postwar America*, edited by David Paul Nord, Joan Shelley Rubin, and Michael Schudson. University of North Carolina Press, 2009, page 76.
② National Endowment for the Arts. *Reading at Risk: A survey of literary reading in America*. Research Division Report #46, June 2004.
③ National Endowment for the Arts. *Reading on the Rise: A new chapter in American literacy*. Office of Research and Analysis, January 2009.

说:"中国的主要读者是年轻人,他们读了很多书,但是当30岁结婚后,一切就都变了。"①

2007年发表的一项纵向研究发现了一幅复杂的图景,该研究对在荷兰、挪威、法国、英国和美国5个国家以阅读作为主要活动(工作或教育之外的)的情形进行了调查。② 这项研究调查了所有印刷品的阅读情况:书籍、报纸和杂志。在英国1975年至2000年期间,研究发现尽管阅读参与度有所下降(从66%降至58%),但阅读的人花在阅读上的时间更多了。在法国,1974年至1998年间的阅读参与度也从44%下降到35%,但阅读用时却略有增加。在挪威,阅读参与度和所花时间都增加了。

可以说除美国以外,另外4个国家对"阅读下降"(根据分配给阅读的时间长短衡量)过度担心。因为尽管美国总体阅读时间减少,有少数人仍会坚持阅读。荷兰是一个阅读传统气息浓厚的国家,虽然阅读时间明显减少,国民阅读依旧是广泛的。法国、英国和挪威的阅读量皆呈上升趋势,但法国和英国增多的是书籍阅读,报刊阅读有所减少。③

研究人员发现书籍阅读情形较好,人们的参与度和阅读时间都有小幅增长。他们认为这些数据可能揭示了一个阅读阶层的兴起,这是"一群受过高等教育的忠实践行者,将读书视为一种社会区分的形式"。④

---

① Jackie Huang of Andrew Nurnberg Associates, Beijing. Interviewed by the author, 15 January 2013.
② Dale Southerton, Alan Warde, Shu-Li Cheng and Wendy Olsen. 'Trajectories of time spent reading as a primary activity: a comparison of the Netherlands, Norway, France, UK and USA'. Centre for Research on Socio-Cultural Change, Working Paper No. 39, November 2007.
③ Ibid, page 24.
④ Ibid.

| 翻页：书的演变

  如今一项类似的研究希望在调查一般印刷品阅读情况的同时，也涵盖数字设备阅读情况。如果将我们使用互联网的时间也算入阅读时间内，估计我们花在阅读上的时间是1980年的3倍。① 1984年，英国的"综合生活方式调查"首次将拥有一台家用计算机纳入调查范围。此后，拥有家用计算机的家庭比例持续增长，从1985年的略高于1/8，增至2011年的4/5。② 一项估计表明，考虑到印刷品和计算机的使用情况，美国人平均每天的阅读量是惊人的35 000个单词。③ 从电子邮件和短信到社交媒体上的互动，写作也越来越多地成为我们日常生活的一部分。

  有研究对未步入青春期的儿童使用短信的情况进行调查，发现短信体（语言在短信中的缩写）的使用与他们的语音能力呈正相关，不损害读写能力。"'斯普纳现象'测试（一项语音意识测试）发现，孩子们的单词阅读能力和表现，与他们初次使用手机的年龄以及发信息时使用短信体的比例有显著的关系"。④ 进一步的研究表明，语音意识（对口语的声音结构的认知）与阅读能力之间存在关联。

  詹姆斯·弗林以"弗林效应"而闻名，该效应记录了一代又一代的人在智商上的显著提高。他认为，我们所处的时代会"比我们

---

① Kevin Kelly. 'Reading in a Whole New Way'. *Smithsonian*, August 2010. Available at http://www.smithsonianmag.com/specialsections/40th-anniversary/Reading-in-a-Whole-New-Way.html#ixzz1xrBS4vic.
② Office for National Statistics. *General Lifestyle Survey Overview-a report on the 2011 General Lifestyle Survey*, 7 March 2012, chapter 4.
③ Roger E. Bohn and James E. Short. *How Much Information? 2009 Report on American Consumers*. Global Information Industry Center, University of California, San Diego, December 2009.
④ Beverly Plester and Clare Wood. 'Exploring Relationships Between Traditional and New Media Literacies: British Preteen Texters at School'. *Journal of Computer-Mediated Communication*, 14(2009), page 1121.

的祖先遇到更多的认知问题",因此发展了"新的认知技能和可以处理这些问题的大脑"。① 在对美国智商测试的分析中,他发现成人和儿童的词汇量差距越来越大。从1950年到2004年,美国成年人主动词汇量的增长是学龄儿童的4倍。他认为这是由于工作环境的变化,高等教育人数的增加也间接地改变了工作类型,比如担任专业和管理职位。在现今的工作场所中,表述者增加了,沉默者减少了,这鼓励了词汇技能的发展。相比之下,美国成年人在被动词汇量方面的进步要小得多,这在"如果别人使用过或者他们在书中读到,人们在语境中可能会理解的词汇"测试中就有所体现。② 总的来说,成人词汇量的增加为书籍拓展了更大的目标读者群,但他认为今天的视觉文化限制了愿意阅读的人数。

就儿童而言,弗林发现虽然他们可能在更小的时候就掌握了基本的阅读技能,但他们"并没有做好更充分的准备以阅读要求更高的成人文学。如果每隔一段就要查字典或百科全书,你就无法享受《战争与和平》"。③ 事实上,他看到成年人和儿童之间的鸿沟已经扩大,孩子们不一定能理解他们的父母,也不一定能以父母的词汇来回应。青少年有自己的亚文化和词汇水平,从长远来看这不会造成太大的危害,因为这种影响在他们进入职场后就会趋于稳定;但令人惊讶的是,美国学生的词汇量在很长一段时间内几乎没有增加。亚文化的发展也可以用来解释为什么青少年小说能发展成独立的类别。

---

① James R. Flynn. *Are We getting Smarter? Rising IQ in the twenty-first century*. Cambridge University Press,2012,loc 582 of 9750 in ebook.
② Ibid,loc 1977 of 9750.
③ Ibid,loc 395 of 9750.

| 翻页：书的演变

国际差异

不同国家之间的阅读情况存在差异，但主要与收入和教育水平相关。人生的阶段性也有密切关联度，在人们最关注孩子的时候，通常阅读的时间更少。总体而言，女性的阅读量高于男性，这一差距似乎还在扩大。

从2007年整个欧盟的阅读参与度来看，71%的人在过去12个月内至少读过一本书，读过5本书以上的人占37%。值得一提的是，参与调查年龄最小的组（15—24岁）阅读参与度最高，参与调查年龄最大的组（55岁以上）阅读参与度最低。参与程度也随着城市化程度的提高而增加，其中大城镇的参与度最高，而不是小城镇或村庄。欧洲晴雨表调查发现各国之间的差异。在过去12个月内至少阅读一本书的人中，瑞典（87%）、荷兰（84%）和丹麦（83%）位居前列。在过去12个月内阅读超过5本书的人中，平均阅读量最高的是瑞典（60%）、丹麦（56%）和英国（56%）。该调查还提供了过去一年零阅读量的数据：马耳他（54%）、葡萄牙（49%）和塞浦路斯（43%）平均最高。①

几个欧洲国家在1998年至2006年间开展的"欧洲统一生活时间调查"（HETUS），对欧洲国家存在的差异提出了一些见解。受访者被问及他们花在阅读书籍上的时间（不包括出于学习的目的），其他阅读内容可以包括报纸、杂志以及小册子。总体而言，与看电视的时间形成了鲜明的对比（如表2-1）。

---

① Eurobarometer Survey. *European Cultural Values*, September 2007. The fieldwork was carried out earlier that year.

表 2-1 平均每天花在阅读和看电视上的时间

国　家	书籍阅读（分钟）	看电视或视频（小时:分钟）	其他阅读（分钟）
爱沙尼亚	16	2:16	21
芬兰	12	2:13	34
拉脱维亚	11	2:05	17
瑞典	11	1:48	21
波兰	10	2:18	13
挪威	9	1:52	27
立陶宛	8	2:16	15
保加利亚	8	2:27	10
比利时	7	2:24	19
德国	7	1:49	31
斯洛文尼亚	7	1:57	16
英国	6	2:23	20
意大利	5	1:40	13
西班牙	4	1:53	11
法国	1	2:01	22

来源：欧洲统一生活时间调查①

通过对时间使用数据的分析，我们可以得出一些关于国家及其阅读习惯和总体休闲时间的普遍结论。例如，与地中海国家相

---

① Harmonised European Time Use Survey ［online database version 2.0］. Created 2005 - 2007 by Statistics Finland and Statistics Sweden. ［reference date 2007 - 10 - 01］. http：//www.tus.scb.se

比,北欧国家的阅读水平更高。有人认为这是由于南部国家的午休时间较长,休闲时间相对较少。在所有国家中,男性往往比女性拥有更多的闲暇时间,但主要用于看电视和视频,而不是其他文化活动。①

国家间的阅读差异还深受文化和历史的影响。我们已经知道阅读参与程度往往与城市化程度相关,以农耕经济为主的社会,其阅读参与程度往往较低。卡米拉·阿迪在英国和意大利的阅读习惯研究中指出,生活在个人主义社会比集体主义社会的人更具有阅读积极性,理解为什么英国人比意大利人更愿意阅读时应该考虑到这一点,"与英国相比……意大利人更愿意参与集体活动,如烹饪、聚餐、讨论政治、在公共咖啡馆看电视、晚上在大街上漫步(la passeggiata)等。"②宗教是否也在形成不同的阅读传统中起到了一定作用呢? 新教鼓励自我默读和理解《圣经》,而天主教则希望由神职人员来解读《圣经》。阿迪认为:"当今人们对阅读的态度……一定有一部分要归因于这些截然不同的宗教和历史背景:就有罗马天主教传统的读者而言,可能存在一种基本信念,即口头表达某种程度上优于书面文字;而来自新教传统区的人可能会觉得书面文字具有口语所缺乏的权威性。"③

芬兰有着悠久的读书传统,2009年国民阅读率约有3/4,他们每天花45分钟阅读书籍或杂志。④ 20多年来,这一数字保持不变,要归功于强大的教育体系。在2009年国际学生评估项目

---

① Eurostat Pocketbook. *Cultural Statistics*, 2007.
② Camilla Addey. *Readers and Non-Readers: A cross-cultural study in Italy and the UK*. Legas Publishing, 2008, page 28.
③ Ibid., page 44.
④ Annina Mousse. 'The Characteristics of the Finnish Book Publishing Business'. research paper. available to download from http: //www.uta.fi/FAST/FIN/RESEARCH/mousse.pdf.

(PISA)15岁学生阅读素养国际排名中,芬兰位居经济合作与发展组织(OECD)国家第二,仅次于韩国。① 芬兰拥有林木和造纸工业,可谓是一个建立在木头之上的国家,同时这个国家更为突出的是其卓越的教育体系。

正如 2005 年评论的那样,阅读是芬兰文化的核心。有 85% 的芬兰家庭订阅一份日报,只有挪威和日本的订阅率高于芬兰。一个典型的芬兰家庭早餐时阅读晨报、评论当天的新闻,以此开始一天的生活。从人均比计算,芬兰每年出版的图书数量甚高,每个芬兰人平均每年从图书馆借阅 21 本书。

芬兰有近一半的电视广播使用外语。大多数节目都是英语,瑞典语、德语和法语节目也很受欢迎。节目带有芬兰语字幕而不是配音,因此孩子们即使在看电视时也需要阅读。他们学会快速阅读,因为喜爱的电视节目比课堂上布置的任何快速阅读练习都更具激励性。②

现在很多芬兰人可能都是从网上阅读新闻,但报纸的订阅量仍然很高,按发行量与人口比例计算,芬兰排名世界第三。③

与芬兰相比,希腊的阅读人数较少。2010 年希腊国家图书中心进行的研究显示,超过 40% 的人没有读过任何书籍,大约 44% 每年读 1—9 本书,只有 8% 的人阅读 10 本书及以上。年轻人群的阅读参与度相对更低。总体而言,与 2004 年的调查相比,情况有所改善,当时 44% 的人根本没读过书,34% 的人读了不止一本书,

---

① OECD. PISA 2009 Results: What Students Know and Can Do — Student Performance in Reading. *Mathematics and Science* (Volume I), 2010.
② Irmeli Halinen, Pirjo Sinko, and Reijo Laukkanen. 'A Land of Readers'. *Educational Leadership*, 63: 2 (October 2005), pages 72 - 75.
③ 'Freedom of the Press 2011 — Finland'. http://www.unhcr.org/refworld/docid/4e70938928.html, accessed 20 May 2013.

只有8％的人属于重度阅读爱好者。① 造成较差阅读文化氛围的原因包括地中海气候、高等教育和图书馆发展相对较晚(图书馆的使用率为欧洲最低)。② 报纸的读者群也有限,2007年仅有30％强的希腊人阅读日报。③

文化差异影响阅读习惯,且会长期存在。经合组织(OECD)的一份报告显示,父母的阅读习惯不仅与其社会经济地位密切相关,而且会对孩子的阅读习惯产生耳濡目染的影响。

> 这毫不奇怪,在所有接受调查的国家和经济体中,如果父母把阅读当作一种爱好,喜欢去图书馆或书店,在家里享受阅读,孩子们更容易受到熏陶。即使在比较来自相似社会经济背景的儿童时也是如此,这表明当家庭环境有利于阅读时,儿童更有可能喜欢阅读。④

阅读阶层

上述提及阅读书籍与社会经济阶层之间的关联。从表2-2(英国的数据)可以看出,4个主要的阶层群体之间存在明显的分层,在AB组(管理和专业阶层)中只有18％的人根本不读书,而这一比例在C2组和DE组(包括体力劳动者和临时工)则高达43％。

---

① Research by the National Book Centre of Greece. http://www.ekebi.gr.
② Christina Banou and Angus Phillips. 'The Greek Publishing Industry and Professional Development'. *Publishing Research Quarterly*, 24(2008), pages 98-110.
③ Eurostat Pocketbook. *Cultural Statistics*, 2011.
④ OECD. *Let's Read Them a Story! The Parent Factor in Education*. PISA, OECD Publishing, 2012.http://dx.doi.org/10.1787/9789264176232-en

表 2-2　英国读书人口统计数据(%)

社会经济群体	不阅读者	轻度阅读者(每天阅读 1—10 分钟)	中度阅读者(每天阅读 11—30 分钟)	重度阅读者(每天阅读逾 30 分钟)	阅读者人数(此前 3 列总和)
AB	18	6	21	53	80
C1	29	10	18	44	72
C2	43	10	11	34	55
DE	43	7	10	35	52

来源：BML，2005。[1]

这些差异与收入相关，但与阶层本身和不同群组的期许值也存在关联。在 2010 年的一项关于参与艺术活动（例如，欣赏戏剧或加入读书俱乐部）的研究中，68% 来自较高社会经济群体的人在过去 12 个月内至少参与了 3 次艺术活动，这一比例较之社会经济地位较低的人群（47%）高出了 21%。[2]

这些与收入和阶层的相关性与布尔迪厄关于获取社会文化资本的论点相一致。文化资本的获取依赖于教育和家庭背景，"调研证实所有的文化实践活动（参观博物馆、出席音乐会、阅读等）和文学、绘画、音乐方面的偏好，主要与教育水平（以学历和教育时长为衡量标准）密切相关，其次是家庭背景"。[3] 阶层较高的家庭将初始积累的文化资本传给子女。在以高雅文化及其欣赏为基础建立的教育体系中，文化资本得到了进一步的累积，这又反过来影响了

---

[1] BML. *Expanding the Market*，2005. These figures are for reading when not on holiday.
[2] Vanessa Martin, Catherine Bunting, and Anni Oskala. *Arts engagement in England 2008/09: Findings from the taking part survey*. Arts Council, February 2010.
[3] Pierre Bourdieu. *Distinction*. translated by Richard Nice. Routledge，2010，page xxiv.

对专业和管理阶层的招聘。

温迪·格里斯沃尔德在撰写有关西方文化的文章时阐述了阅读阶层的兴起。资深阅读爱好者往往也是社交精英,他们通常受过良好的教育,条件优渥,生长于大都市,参与更多形式的文化活动,逐渐形成阶层固化。书籍、作家和阅读行为都被赋予了光环,整个社会也推崇阅读行为。"对于那些有钱人来说,阅读不仅是一种特殊的消遣方式,而是权势之间交流的一种方式,就像打马球一样"。①

有一项关于中国读书情况的研究发现了教育背景和读书之间的联系,例如,受教育程度越高的人读书的范围越广。研究还发现阅读习惯和社会阶层之间的联系:工作场所中的当权人士(政府/党派官员和企业经理)以及具有专业或行政技能的人不仅比其他群体更频繁地阅读高深的书籍,而且涉猎更广。与其他社会阶层相比,个体职业者阅读高格调书籍较少,总体阅读量也不如生产和服务行业人士。有人认为这是因为个体职业者的休闲时间最少。尽管通俗小说在中国文化中不受重视,但通俗小说阅读受阶层差异影响却很小。作者总结道:

> 居住在同一城市,性别、年龄、受教育程度相匹配的中国成年人由于职业阶层的不同,在阅读范围和阅读偏好上存在差异。这意味着,以拥有的权力、技能或财产来衡量的阶层差异,会使阅读习惯和品味存在显著区别。②

---

① Wendy Griswold. *Regionalism and the Reading Class*. University of Chicago Press,2008,page 67.
② Shaoguang Wang, Deborah Davis, and Yanjie Bian. 'The Uneven Distribution of Cultural Capital: Book reading in urban China'. *Modern China*,32:3(2006),page 332.

第二章 慢阅读

在中国，手机阅读在一个特殊的阶层中流行。这其中，男女读者数量均衡，他们在阅读相当于美国 20 世纪 20 年代到 50 年代的低俗小说，包括犯罪小说和科幻小说。中国读者正在阅读爱情小说、穿越小说等一系列体裁。一个移动阅读平台有 1 亿活跃用户，他们购买整本书或按章节付费；超过 2 亿人通过手机和文学网站阅读。典型的读者画像是 35 岁以下的年轻人，受教育程度低，收入低。例如，有人离开家乡来到城市工作，可能在建筑工地上搬砖，无法负担其他形式的媒体娱乐活动，对他们来说，阅读廉价小说以消遣具有极大吸引力，可以尽情幻想其中，踏上探险之旅，体验不同人生。①

研究人员对巴西人的阅读能力进行了长达 10 年的追踪调研，发现巴西也有明显的读者层次分化现象。(如图 2 - 1)②随着收入的增长，AB 阶层的人口比例略有上升，但 C 阶层(按月收入定义)的人口比例显著上升。这一变化可反映在识字领域，功能性文盲大幅减少。无论是半文盲还是纯文盲，识字率较低的人口比例都已下降。拥有熟练读写能力、能够阅读文学小说的人口比例保持在 25％左右，同时拥有基本读写能力的人口比例有所上升。后者可以阅读较简单的小说，如《五十度灰》(巴西的畅销书)，但尝试纯文学小说会感到吃力。巴西出版商兼记者卡洛·卡伦霍说："新兴读者是基本阅读者，他们永远不会读布克奖得主的作品，读的是非常简单的励志书籍。过去几年的一个大趋势是，巴西的读者越来越多，既有来自 C 阶层的人，也有正

---

① Information from Cheng Sanguo, CEO of bookdao.com, interviewed by the author, 15 January 2013.
② O Instituto Paulo Montenegro e a ONG Ação Educativa. *INAF Brasil: O Indicador de Alfabetismo Funcional*, 2011.

在识字的民众，而不是高雅出版商所希望的熟练阅读者。"①

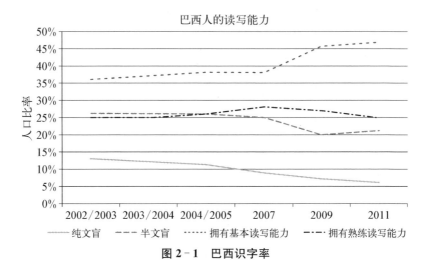

图 2-1 巴西识字率

媒介竞争

如果许多国家的图书阅读量都在下降，那么现在与图书竞争的其他媒体是否财富惊人呢？我们已经看到了电视的影响力，但电视又面临着来自游戏和互联网的竞争压力。劳拉·米勒观察到，手机是世界上大多数人的长期伴侣："阅读需要与人们休闲时间的许多其他活动相竞争，在与视频游戏、互联网、移动电话、DVD、iPod 和电视等媒介之争中就很难脱颖而出，更别提与媒介无关的活动了。发短信确实似乎已取代阅读，成为人们日常生活间隙中的默认活动——无论是躺在海滩上或坐在公园里，还是乘

---

① Interviewed by the author，20 March 2013.

坐公交或在候车室消磨时间。"①我们使用一系列的媒介设备,不断提高同时处理多任务的能力,而电子游戏也正在创造一个高度灵巧和思维敏捷的群体。

2010年在英国进行的一项调查显示,英国成年人每天看电视的时间为242分钟,比2005年增加了23分钟;每天听广播的时间为173分钟,同期下降了22分钟。互联网活动(经由固定网络连接,通过网页和应用程序进行)平均每日使用量增幅最大,从2005年的15分钟增加到2010年的28分钟,几乎翻了一番。2011年初的数据显示:在成年人中,有48%的人拥有网络社交账号,32%的人使用手机访问互联网。②

超过1/4的成年人拥有智能手机,这对生活的其他方面也产生了影响。接受调查的人士认为,有了智能手机后,他们进行下列活动的时间越来越少:用相机拍照(16%)、用电脑上网(15%)、阅读印刷报纸(13%)、使用纸质地图(13%)、看电视(10%)、在游戏机或电脑上打游戏(7%)、与朋友社交(4%)和运动(4%)。有9%的成年人和15%的青少年说他们读书的次数减少了。③

对千禧一代(1980年以后出生的一代)的研究表明,书籍和社交媒体之间存在替代效应。所谓"克制的千禧一代"对社交媒体兴致缺少,却是最活跃的读书群体。相比之下使用社交媒体频率最高的群体,也是书籍阅读频率最低的群体。随着社交媒体使用量和活跃度(不再是内容的被动接收)的增加呈现出,在社交媒体使

---

① Laura Miller. 'Perpetual Turmoil: Book retailing in the 21st century United States'. *Logos*, 22:3(2011), page 20.
② Ofcom. Communications Market Report: UK. Research Document, 4 August 2011.
③ Ibid.

翻页：书的演变

用中男性占多数,书籍阅读中女性占比更大。①

设备的普及也改变了我们消费媒体的方式,人们开始通过互联网和手机观看电视和视频。2012年的估计显示,10%至15%的视频内容是通过线上收看。② 同时使用两种媒介的"媒体耦合"开始出现。电视观众在观看节目之际,可能正通过另一台设备上网,以查询节目中演员的更多信息,或是在社交媒体上与朋友讨论。2011年的"超级碗"比赛转播期间,推特的搜索排行榜显示,投放广告的品牌活跃度得到大幅增长。多力多滋(Doritos)的广告出现后,该品牌位居推特全球热搜榜前列。"媒体耦合满足了消费者对查询或关注事物的即时需求,它还创造了一种有趣的动态,即离线媒体触发在线行为"。③

在电脑和视频游戏方面,2011年美国有73%的家庭玩游戏,玩家平均年龄为37岁,18%的玩家为18岁以下,53%的玩家为18—49岁,29%的玩家超过50岁;性别比例为男性58%,女性42%。购买游戏的主要原因包括图像质量过硬、故事情节有趣、最受欢迎游戏的续集以及好口碑。④

人们上网时有40%的时间用来社交、玩游戏和发邮件。⑤ 正

---

① Thomas Kilian, Nadine Hennigs, and Sascha Langner. (2012) 'Do Millennials read books or blogs? Introducing a media usage typology of the internet generation'. *Journal of Consumer Marketing*, 29: 2(2012), pages 114 – 124.
② Graeme McMillan. 'Viewers are Flocking to Streaming Video Content — And so are Advertisers'. *Wired*, 3 January 2013.
③ Graeme Hutton and Maggie Fosdick. 'The Globalization of Social Media: Consumer relationships with brands evolve in the digital space'. *Journal of Advertising Research* (2011), December, page 568.
④ Entertainment Software Association. *Essential Facts about the Computer and Video Game Industry*, 2011. www.theESA.com
⑤ Figures for internet usage in the USA, from Nielsen NetView — June 2009 to June 2010.

如丹尼斯·巴伦所言:"有人批评这不仅仅是缺乏新鲜的空气和阳光,而且缺乏质量,更确切地说是缺乏数字互动的质量,认为在屏幕上读写的时间纯粹是浪费在即时通信、电子邮件或网络冲浪等琐事上。这不仅占用了面对面交流的时间,也占用了更有意义的读写时间或是沙龙时间。"①

读者也是未来的作家,小说家林赛·戴维斯思考着高度可视化的媒体世界所带来的风险:"我年纪大到可以被划归为广播时代的一员。我想要阅读文字,而不是被画面呈现出来,我可以自己在脑海中描绘……长期来看,导致优秀小说诞生的那种创造性想象力可能会消失,因为孩子们在成长过程中将不具有那种想象力,当然这并非绝对。"②

电子阅读

新型阅读设备的普及是否会对阅读习惯产生影响?目前我们还没有得到一组可信的数据可以用来证明任何变化,但一些有趣的趋势正在形成。电子阅读器似在促进阅读,尽管不同的设备之间存在差异,其新颖性在短期内或将带来正面影响。

美国是阅读和购买电子书最发达的市场,2012年对美国市场的一项研究表明,电子书的出现激发了阅读行为。其读者表示他们从而更多地阅读了各种形式的书籍,一年平均阅读24本书,而非电子书读者平均阅读15本书。拥有专属电子书阅读器的读者一年平均阅读量也是24本书,而没有这种阅读器的用户平均阅

---

① Dennis Baron. *A Better Pencil: Readers, writers, and the digital revolution.* Oxford University Press, 2009, page 181.
② Interviewed by the author, 19 November 2012.

读 16 本书。新设备鼓励阅读,自数字内容出现以来,41％平板电脑用户和 35％电子阅读器用户阅读量都有所增加。超过 40％的电子书读者表示,他们还在阅读更多的书。①

数字阅读具有扩大书籍读者群体的潜力。例如中国不像某些西方国家具有浓厚的阅读文化氛围,一般家庭不会在家中陈列过多书籍,而狭小的公寓更是缺乏摆放书籍的空间。正如黄成龙所说:"电子书改变了阅读方式,越来越多不富裕的群体可以在手机和电脑上阅读,中国民众有了快速便捷的阅读方式。同一本书,人们在线阅读会比购买纸质版更为便宜。"②

阅读纸质书最直观的优势在于它的非屏幕化。我们在屏幕上度过了大量的工作时间,切换到另一种形式的媒体就是放松吗?但有观点提出电子阅读设备已经有了很大的改善,它们具有一定程度的优势,尤其是专用电子阅读器。首先,它们不再会像电脑阅读一样造成视觉疲劳,有些屏幕可以在阳光直射的情况下阅读,而另一些则是背光屏幕,便于当伴侣睡着时在床上阅读。其次,电池续航时间有了显著提高,不必过于担心阅读到惊悚小说激动人心的时刻会发生设备电量耗尽的情况。第三,电子阅读器的便携性具有很多优点,无论是旅行还是通勤可以带上许多书,正在阅读几本书的读者也可以根据当下的心情选择读物。拥有便携式设备意味着可以填补一天中的空白时间,无论是在校门外等待,或是开会前喝杯咖啡。第四,使用电子阅读器改变字体和大小,以符合喜好或视力情况。第五,还有一系列可能的附加功能,包括测量阅读速度、看看世界上还有谁在阅读同一本书,以及向朋友和家人推送阅

---

① Pew Research Centre. *The Rise of E-Reading*. report published 5 April 2012. http://libraries.pewinternet.org/2012/04/04/the-rise-of-e-reading/
② Interviewed by the author,15 January 2013.

读选择。

然而令人惊异的是，出色的电子阅读器最终都是模仿纸质书的样式，包括其外观、触感及翻页方式。作为此类拟物化设计的案例，iPad阅读就模拟了实体书，从装书的木制书架到翻页动作，你可以滑动手指翻转书页至下一页显示出来。iphone拍照也同样模仿单反相机快门的声音。无论如何，电子设备的阅读功能已经取得了长足的进步，现在它已经开始模仿印刷书籍的身体后仰放松式体验感技术（与电脑的身体前倾紧张式体验感技术相反）。[①]

在屏幕上阅读与阅读印刷书籍是否有不同的体验？我们可以从体验感、看书效率等不同的角度来看待这件事。安妮·曼根对比数字化阅读与纸质阅读后，道出了许多人的心声。她把重点放在了超文本小说（提供超链接的数字文本和具有其他导航形式的故事）的体验上，并将其与纸质小说的沉浸式体验进行比较。她认为沉浸的程度取决于印刷页面的实质感。"当你的行为让你与文字失去联系——用鼠标点击、在触摸屏上指点、用按键或触摸板滚动——都发生在离文本很远的地方，也就是说，数字文本在电脑、电子书或手机中时，你就失去了真正触碰文本的感觉……印刷文本是有形的、实体化的、可触摸的、可以被握在手中的，这是数字文本所不具备的（直到被打印出来，不再是数字文本）。"[②]

2009年的一项研究，向普林斯顿大学学生分发Kindle，旨在获取学生反馈。学生们认可设备的轻便易携、屏幕清晰、续航时间长和搜索功能，但也表示确实很难评估他们所阅读内容的长度：

[①] Angus Phillips. 'Does the Book have a Future?', in Simon Eliot and Jonathan Rose (ed.), *A Companion to the History of the Book*. Blackwell, 2007.
[②] Anne Mangen. 'Hypertext Fiction Reading: haptics and immersion'. *Journal of Research in Reading*, 31: 4(2008), page 408.

翻页：书的演变

"似乎没有人能够像熟悉书本'页面'这个概念的程度一样熟悉kindle'定位'的概念。"[①]学生们主要在学习中使用Kindle,试验达到了它的主要目标之一,即与对照组相比只打印了一半的学习材料。即便如此,许多受试者认为电子阅读器在文本注释功能方面并不像纸张一样方便有效。一名受试者说:"我喜欢Kindle的阅读功能,我不需要在阅读中做太多的注释。"另一位受试者评论道:"我认为Kindle适合轻松阅读,而不利于学习阅读。"[②]

另一项在纽约一所图书馆学校(library school)研究生中进行的定向研究再次激发了人们对Kindle的热情。[③] 报告显示,与印刷书籍相比,Kindle阅读量有所增加。受试者大多在家里或通勤途中阅读书籍,他们认为Kindle的便携性和便利性突出:

> Kindle易于阅读且便于携带……即使是握着扶手站在地铁上,用Kindle阅读也很便利,明显比精装书方便。有时午休期间,我想拿出正在阅读的书,结果发现书落在家里。[④]

受试者认为短篇小说和快餐小说更适合使用电子阅读器,具有和纸质书一样令人身临其境的阅读体验感,而且阅读速度似乎更快。

早在20世纪80年代,就有研究将屏幕阅读与纸质阅读进行

[①] The E-Reader Pilot at Princeton, Fall Semester 2009, page 14. Project web page: www.princeton.edu/ereaderpilot, accessed 20 May 2013.
[②] Ibid, page 12.
[③] M. Cristina Pattuelli and Debbie Rabina, Forms, effects, function: LIS students' attitudes towards portable e-book readers'. Aslib Proceedings, 62:3(2010), pages 228-244.
[④] Ibid, pages 235-240.

比较,结果显示纸质阅读在理解性、准确性和速度方面都更为出色。① 但这些都是使用早期屏幕和显示器比较的结果,缺乏令人满意的等效性;如果两者之间确实存在差异,那么可选用现今优化的显示屏和专用阅读设备进行评估。避免读者视觉疲劳的便携设备已然问世,明显改善了屏幕阅读体验。

2011年在德国进行的一项研究中,参与者被分为两组,一组平均年龄为26岁,另一组平均年龄为64岁。② 每个参与者分别在电子书阅读器(Kindle)、平板电脑(iPad)和纸张上阅读不同复杂程度的文本。通过眼球运动(眼球追踪)和脑电生理活动(脑电图)来评估参与者的阅读行为及其相应的神经过程。美因茨约翰内斯古腾贝格大学教授马蒂亚斯·施莱修斯基博士说:"几乎所有的参与者都说他们最喜欢阅读纸质书。这是主要的主观反应,但与研究数据不符。"参与者表示更喜欢阅读纸质书,但性能测试显示阅读纸质书和电子阅读器没有任何区别。此外该研究还发现,相比电子阅读器和纸质书,平板电脑提供了一个不被自觉感知的优势。虽然年轻参与者使用这三种设备阅读时不存在速度差异,但年长参与者在使用平板电脑阅读时速度更快。

2012年在美国进行的另一项研究表明,使用背光平板电脑阅读可以提高视力水平不同的受试者的阅读速度。视力较弱者的阅读速度有了显著提高,研究人员认为平板电脑能为用户提供更高

---

① Jan M. Noyesa and Kate J. Garland. 'Computer-vs. paper-based tasks: Are they equivalent?'. *Ergonomics*, 51: 9(2008), pages 1352–1375.
② Johannes Gutenberg University, Media Convergence Research Unit. 'Different reading devices, different modes of reading?' October 2011. The full findings were published in F. Kretzschmar, D. Pleimling, J. Hosemann, S. Füssel, I. Bornkessel-Schlesewsky, et al. 'Subjective Impressions Do Not Mirror Online Reading Effort: Concurrent EEG-eyetracking evidence from the reading of books and digital media'. *PLoS ONE*, 8: 2(2013).

对比度和清晰度的文字内容。在舒适度方面,视力较弱者认为平板电脑提供了最为舒适的阅读体验,而视力较好者则首选印刷书籍。① 电子书具有文本大小调整和文本语音转换功能,便于视力障碍者阅读。

阅读科学

阅读这门相对较新的科学有助于我们理解阅读的过程,了解阅读的益处。

阅读过程始于眼睛对文字的注视。我们用眼睛的中心部分,即"中央凹"进行阅读。中央凹大约占到视野的15度视角,是视网膜中唯一拥有对光线高度敏感的、高分辨率的视觉细胞的区域,也是视网膜中唯一真正可以用来阅读的区域。我们阅读时会不断移动视线,以确保单词进入中央凹的视野。而眼球无法平稳移动,是进行微幅跳跃的"跳视运动",因此大字体不一定易于阅读,单词可能会出现在视网膜的边缘。但在一个人的整体视力范围内,单词不能太小,至少大于人眼中央凹所能精细分辨的极限,所以适当增大字体是有益的。

人们浏览文本时,一眼只能扫取页面上的少量字符,因为大脑让我们的注视中心每次都只能沿着一行前进7—9个字母的距离。出人意料的是,熟练阅读者的视觉系统可以忽略字母数量(在约3—8个字母的范围内),并行处理一个单词中的所有字母。阅

---

① The early results of this study, led by Daniel Roth, M.D., an associate clinical professor at Robert Wood Johnson School of Medicine, were presented at the 116th Annual Meeting of the American Academy of Ophthalmology. http://www.aao.org/newsroom/release/20121111b.cfm, 28 December 2012.

读后在大脑左侧的左枕颞区,也就是神经学家斯坦尼斯拉斯·迪昂所说的"大脑文字匣子",会出现字母串的视觉表征。视觉信息随后被分配到左半球的其他功能区,负责对语义、语音进行编码。

书面或口语单词激活脑中意义碎片的过程很可能与涌潮侵入整个河网的方式类似。如果你比较"cheese"这个真词和"croil"这样的假词,唯一的区别就在于它们在皮层中所形成的涌潮大小不同。一个认识的单词可以在颞叶神经网络中得到共鸣,从而产生巨大的同步振荡波,席卷上百万个神经元。在连续地接触那些对词义的不同碎片进行编码的神经元集合时,这涌潮可以到达皮层中更远的区域。然而,一个不认识的单词即使可以通过最初的视觉分析阶段,但是在皮层中却找不到响应,因此它所引发的波浪很快就会碎裂为无法分辨的泡沫。①

科学家现在可以追踪这波大脑活动的速度,例如在阅读一个简单单词的前 150 毫秒中,活动仅限于视皮层;大约 200 毫秒时,左侧大脑的文字匣子区被激活。

迪昂得出的结论是,我们的大脑并不是天生就适合阅读,而是视觉系统从进化过程中继承的可塑性恰好使得大脑学会阅读。"可以说是'神经元再利用'以学会阅读"。② 这不是大脑进化的问题,而是文字演化以与大脑回路协同工作。书写系统需设计一组足够简单的字符,才能让学习者在几年的时间内学会。德阿纳认为:"文字必须根据大脑的加工要求而演化,逐步形成同样符合视觉区域加工需求的一组字形。"③

---

① Stanislas Dehaene. *Reading in the Brain: The new science of how we read*. Penguin, 2009.
② Ibid, page 2.
③ Stanislas Dehaene and Laurent Cohen. 'The unique role of the visual word form area in reading'. *Trends in Cognitive Sciences*, 15:6(2011), page 254.

阅读也会对我们的大脑产生影响。1998年发表的一项研究得出结论,童年时期学习读写会影响成年后的大脑功能组织。[①]研究人员对两组葡萄牙成年人的大脑进行了扫描,一组受过教育,另一组则为文盲。文盲受试者从未上过学,不具备读写能力。受试者被要求重复正确的和假构的葡萄牙语单词,尽管两组人的词汇量相当,文盲组在重复这些伪词时存在困难。此差异与以下假设相符:拼写知识的缺乏限制了文盲受试者依样复述伪词的能力,这与神经网络未能充分激活有关。研究表明阅读者已经拥有新的语言处理能力,大脑成像显示他们的大脑更发达——识字组的大脑左半球开发了更多的资源。

最近的一项研究使用大脑成像技术来展现阅读过程中大脑许多区域的血流水平变化,证明了文字学习的神经复杂性和潜在的认知益处。受试者被要求以两种不同的方式阅读简·奥斯汀的作品《曼斯菲尔德公园》:一是阅读文本期间放松休息以享受阅读乐趣;二是仔细阅读文本进行文学分析(受试者均为博士生,知道如何阅读文本的情节、人物塑造和语气)。仔细阅读的结果显示,根据平均血流量变化,许多人的大脑活动出现了"令人难以置信的广泛变化"。这表明我们对文本的关注程度和角度很重要,关键的影响可能"不只是我们读了什么,而是我们如何阅读"。血流不仅是在仔细阅读时会增加,也会在愉悦阅读过程中出现在独特区域。研究负责人、密歇根州立大学的纳塔莉·菲利普斯表示:"在兴趣阅读的过程中,大脑中也会产生不同的神经信号,或有一片独特的大脑区域被激活了。"不仅仔细

[①] A. Castro-Caldas, K. M. Petersson, A. Reis, S. Stone-Elander, and M. Ingvar. 'The Illiterate Brain: Learning to read and write during childhood influences the functional organization of the adult brain'. Brain, 121(1998), pages 1053–1063.

阅读激活的区域远远超出了传统上与定向注意力相关的区域，兴趣阅读所涉及的区域也远远超出了大脑的愉悦中枢。她的研究表明，我们对阅读的注意力类型很重要，事实上，各种形式的阅读可能会影响和促进认知和神经灵活性的发展。"事实上，如果我们想使用我们大脑的大部分区域，总的来说，为了学习和娱乐而阅读是关键。此外，阅读远比我们想象的要复杂得多，大脑区域的活动范围比我们想象的要大得多"。①

科学家们也开始展示大脑是如何将单词阅读与记忆和想象联系起来的。在2009年的一项研究中，大脑成像显示了神经系统是如何随故事描述的情境产生变化的。② 该研究的参与者一边阅读带有人物、对象和目标的简单故事，一边接受了核磁共振扫描。不同的大脑区域会追踪故事的不同情景，比如人物的物理位置或当前目标。当所述情景的特定方面发生变化时，参与处理以目标为导向的人类活动、在现实世界中导航以及操纵现实世界中物体的区域活跃度增加。总的来说，研究人员得出的结论是，这些结果与读者在阅读文本时模拟情境的想法是一致的，而且这个过程类似于回忆过去的情境或想象潜在的情境。

小说家乔·梅诺认为书是"我们成年人仍有机会想象，将文字转换为图像，将图像与记忆、梦想和更广阔的思想融合的地方。电视、电影，甚至舞台剧都已经赋予了我们想象的形状。只

---

① Interviewed by the author, 29 March 2013. See also Corrie Goldman. 'This is your brain on Jane Austen, and Stanford researchers are taking notes'. http://news.stanford.edu/news/2012/september/austen-reading-fmri-090712.html#sthash.lcK1peF5.dpuf, accessed 1 March 2013.
② Nicole K. Speer, Jeremy R. Reynolds, Khena M. Swallow, and Jeffrey M. Zacks. 'Reading Stories Activates Neural' Representations of Visual and Motor Experiences'. *Psychological Science*, 20: 8(2009), pages 989–999.

| 翻页：书的演变

有书，无论我们以何种形式阅读，都需要自己去描绘图像"。① 真正令人着迷的是语言的力量能迅速地影响我们，诚然图像也有此影响力。在雷·布莱伯利的反乌托邦小说《华氏451度》里，消防队员蒙塔格被派往一位老妇人家里去焚书时，恍然发觉一本书正静静地躺在他手中，他"仅仅扫了一眼，这行字仿佛燃烧了起来，就像用滚热的钢打出的烙印。'时间在午后的阳光中沉沉睡去。'"②

丹尼尔·卡尼曼给出示例，将以下两个单词并列排放：

香蕉　　　　　　　呕吐

阅读这些单词会让你的大脑开始产生联想，引起不愉快的感觉。你不由自主地将香蕉和呕吐这两个词联系起来，暂时在两者间建立了因果关系，认为是香蕉引起了不适，继而对香蕉产生身体和心理的不适感。你的记忆状态已经改变，很容易识别与"呕吐"或"香蕉"有关的物品和概念，出现不良反应。卡尼曼说，你不会意识到这一系列的反应，也无法阻止它，这是一个如何用身体而不是大脑思考的例子。

思维活动唤起一个想法不仅会引发另一个想法，它还会激发出很多其他想法，而这些想法还会让我们想到另外一些想法。此外，只有少数被激发出来的想法是有意识的思维活动；多数的联想

---

① Joe Meno. 'A Book is a Place', in Jeff Martin and C. Max Magee (ed.), *The Late American Novel: Writers on the future of books*. Soft Skull Press, 2011, ebook, page 10.
② Ray Bradbury. *Fahrenheit 451*. Harper Voyager, 2012 ebook edition, 22 per cent. The quotation comes from Alexander Smith's *Dream thorp: A book of essays written in the country*, first published in 1863.

思维是无声的,隐藏在自我意识之后。①

仅仅两个词就能产生如此效果,那么我们阅读全书后有所改变更不足为奇。另一项大脑实验证明了我们的大脑也易于对所读的内容赋予解读,包括阅读有错误单词重复出现的谚语。受试者看了如下内容:

A bird in the

the hand is worth

two in the bush

在对两位受试者的大脑进行轻微刺激以抑制左半球的活动后,他们明显更容易发现文字错误。研究表明对左脑的这种抑制削弱了模式识别能力,使受试者暂时培养出一种专注文字而减少联想产生的阅读方法。②

隐私

电子阅读器的另一个优势是具有私密性。如果我们阅读的书是一种自我说明,那么从家中藏书到通勤读物,我们的阅读习惯就具有展示性。我们希望别人知道我们正在阅读文学作品或是有口皆碑的畅销书:

---

① Daniel Kahneman. *Thinking, Fast and Slow*. Penguin, 2011, page 52.
② Allan W. Snyder, Elaine Mulcahy, Janet L. Taylor, D. John Mitchell, Perminder Sachdev, and Simon C. Gandevia. 'Savant-Like Skills Exposed In Normal People By Suppressing The Left Fronto-Temporal Lobe'. *Journal of Integrative Neuroscience*, 2: 2(2003), pages 149–158.

翻页：书的演变

> 人们误以为书只能用来读。错了……人们买书是为了展示他们的品味、修养和时尚。他们的目标……是使自己，或者把书作为礼物馈赠的接受者与教养联系起来。①

因此书籍消费是自我身份提升的一部分，我们用书籍来展现自己，创造生活空间。然而有些读者并不希望别人知道他们正在阅读或购买的书籍，一项针对得克萨斯州中学生的研究发现，电子阅读器或可帮助有阅读困难的学生。② 阅读水平较低的学生不太愿意让同伴知道他们读的是哪篇文章，老师可用保密的方式为阅读困难的学生指定文章。研究还发现，男孩更喜欢使用电子阅读器，让他人注意到他们正在使用科技产品，女孩对阅读的态度似乎没有受到影响。关于儿童阅读性别差异已有相当多的研究，英国一项研究发现女孩更喜欢阅读，对阅读持更积极的态度，并寻找更多的阅读机会。③ 总体而言女孩更热衷于阅读，且会持续到以后的生活中，例如读小说的女性比男性多。科技的使用能否让更多的男孩对阅读产生兴趣？2012年一名中学男生打破了刻板印象："电子阅读器使我变成了一个极客，让我们愿意读书了。"④

如果数字阅读可以帮助消减阅读焦虑，会有助于扩大读者

---

① Leonard Riggio. quoted in Philip Kotler and Gary Armstrong, *Principles of Marketing*, 9th edition (2001), page 183.
② Miranda Twyla, Dara Williams-Rossi, Kary A. Johnson, and Nancy McKenzie. 'Reluctant Readers in Middle School: Successful engagement with text using the e-reader'. *International Journal of Applied Science and Technology*, 1：6(2011), November.
③ Christina Clark, David Burke. *Boys' Reading Commission: A review of existing research to underpin the Commission*. National Literacy Trust, 2012.
④ Overheard by the author, Oxford, 2012.

基数。爱情小说和情色小说等特定类型的书籍销售量增长引起了媒体的广泛关注,"妈咪色情"此类小说的兴起更是离不开电子阅读器的使用,因为没人知道你正在阅读什么。情色小说销量飙升,正如一位出版商所说:"你可能是一位母亲,和别的母亲们在亲子日一起坐在街区的公园里,此时可能正在阅读一本奇淫污秽小说,但没有人知道。"[1]一些爱情小说读者在书店里购买此类书籍时也会感到尴尬,因此最好的解决办法就是下载一本电子书。

快速阅读

大脑研究对书籍演变意味着什么?中央凹似乎限制了我们阅读的速度。假设一本电子书设定为一页每次只显示少量单词,我们在不转移视线的前提下阅读,速度可以提高3到4倍。当前的电子书很难模仿这一点,因为将页面上的单词最少化只会导致字体变大,使人难以集中注意力,许多读者会因此感到不适。

我们的目的是为了加快阅读速度吗?我们在上网冲浪时养成漫不经心浏览的习惯应该被带入书籍阅读吗?如果书籍中真的被插入大量相关网站、图片、视频和定义的超链接,书籍和网页又有什么区别呢?现在已经有了眼球滚动技术,当浏览电子书时眼球扫到屏幕底部,书页就会自动跳转,而不需要手动翻页。谷歌这一代的在线用户擅长迅速搜索信息,对学生和学者行为的研究表明:"用户并非在进行传统意义上的在线阅读,事实上有迹象表明,随

---

[1] Brenda Knight (associate publisher of Cleis Press), quoted in '"Kinky" ebooks sell fast in age of digital privacy'. *Daily Telegraph*, 21 May 2012.

着用户浏览标题、目录页和摘要速度之快,新的阅读形式正在出现。他们上网似乎是为了避免传统意义上的阅读形式。"①

难道书籍不应该帮助我们放慢思考的速度,变得更加沉思默想吗?这可能取决于书籍类型,有的书你只想翻到最末尾查看结局作数,有的书你希望能没有尽头、久久回味。例如查尔斯·弗雷泽的《冷山》,节奏缓慢,描写细腻,是一部值得慢慢品味的小说,而非如厕读物。

凯文·凯利认为,书本善于培养人们的沉思性思维,而屏幕更多鼓励了功利主义思维:

> 一个新想法的迸发或陌生事物的出现会激起人们的本能反应:去研究这个词,向网络另一端的"朋友"咨询意见,寻找不同观点,创建书签,与之互动或发推特,而不是简单地思考。读书可以增强我们的分析能力,鼓励我们进行从头到尾的仔细观察。在线阅读则鼓励快速建构模式,将这个想法与另一个想法联系起来,使我们能够处理每天产生的成千上万的新想法。在线互动会鼓励人们进行实时思考,我们在观看电影时会评头论足;在辩论中我们会探索出模糊的真相;在购买东西之前,我们会先阅读在线用户手册,而不是买回家后才发现它不能满足需求。②

---

① Ian Rowlands, David Nicholas, Peter Williams, Paul Huntington, Maggie Fieldhouse, Barrie Gunter, Richard Withey, Hamid R. Jamali, Tom Dobrowolski, Carol Tenopir. 'The Google generation: the information behaviour of the researcher of the future'. *Aslib Proceedings*, 60: 4(2008), page 295.

② Kevin Kelly. 'Reading in a Whole New Way'. *Smithsonian*, August 2010. http://www.smithsonianmag.com/specialsections/40th-anniversary/Reading-in-a-Whole-New-Way.html#ixzz1xrBS4vic.

第二章 慢阅读

为了减轻压力和有益健康,我们有时应该放慢阅读速度,从而放慢思维。理查德·雷斯塔克主张人们训练自己尽量进行慢速阅读:"快速阅读主张者的技法只有在快速浏览报纸或杂志以获取普通信息时才有效。在这种情况下,你更关心信息和内容,而不是作者使用的文字和风格……让自己习惯于以较慢的速度阅读,你会逐渐感到放松。"①如果我们能减少上网时间,也能使社会和家庭关系更为紧密。雪莉·特克指出,沉迷于电子邮件和短信会不利于我们的情感生活,甚至破坏我们的亲密关系。她举了一个高中生的例子,高中生的父亲过去常常"为了兴趣而读书,不介意被打扰",但当书籍被黑莓手机取代时,高中生需要费很大的努力才能吸引到父亲的注意力,让父亲脱离手机世界。②

尼古拉斯·卡尔写了一篇文章,名为《谷歌是否让我们变蠢?》,旨在讨论我们的上网时间可能会对大脑造成的影响。他在文中引用一位普通网民的话说道:"他的想法……具有'间断性',反映了他在网上碎片式浏览信息的方式。他承认'我再也无法阅读《战争与和平》了,我已经失去了这样的能力。即使是一篇超过三四个段落的博文也难以接受,我都是略读。'"③

认知神经学家玛丽安娜·沃尔夫也对数字阅读的影响表示担忧。读者能够接触的数字信息过多是否意味着没有时间或动力去更深入地思考正在阅读的内容?"新闻片段、文字片段和思想片段反映了一种文化,这种文化意味着我们很容易遗忘旧信息,或被新

---

① Richard Restak. *Mozart's Brain and the Fighter Pilot: Unleashing your brain's potential*. Three Rivers Press,2001,pages 125 - 126.
② Sherry Turkle. *Alone Together: Why we expect more from technology and less from each other*. Basic Books (2011),page 268.
③ Nicholas Carr. 'Is Google Making us Stupid?' *The Atlantic*,July/August 2008.

信息分散了注意力,变得无暇思考"。① 通过谷歌门户网站轻松获取信息,不等于培养自己的思考能力;沉浸在小说中想象另一个世界,进入人物的意识,也与看电影大相径庭。

阅读的未来

从浏览新闻网站、社交网页到读取短信,我们一直在阅读。我们也仍然在阅读,因为读写能力利于个人发展和未来经济成功。读写能力明显和生活机会挂钩,包括继续接受教育的机会、就业能力和收入水平。②

正如翁贝托·艾柯所说:"互联网让我们重回字母表时代。如果我们认为我们已经成了一个纯粹的视觉文明,电脑就会把我们带回古登堡星系。从现在开始,每个人都要读书。"③如果我们希望快速获取信息,无须翻阅百科全书,互联网就会提供现成且最可靠的答案;与朋友在酒吧里就某个问题发生的争执,在咨询智能手机后便迅速结束。由用户生成且"足够好"的网络内容已经取代了许多参考书目。迈克·沙茨金对一些类别的书籍发表了评论,比如烹饪和游记:"以前以书籍形式传递的信息,现在在互联网上以碎片状的形式进行更有效的传递。"④

---

① Maryanne Wolf. 'Our "Deep Reading" Brain: Its digital evolution poses questions'. Nieman Reports, Summer 2010. http://www.nieman.harvard.edu/reports/issue/100062/Summer-2010.aspx.
② See, S. Grenier, S. Jones, J. Strucker, T. S. Murray, G. Gervais and S. Brink. *Learning Literacy in Canada: Evidence from the International Survey of Reading Skills*. Statistics Canada, 2008.
③ Jean-Claude Carrière and Umberto Eco. *This is not the End of the Book*. Harvill Secker, 2011, page 4.
④ Interviewed by the author, 13 March 2013.

第二章 慢阅读

虽然使用设备不同,但由于功能完善,目前在屏幕上阅读书籍是一种愉快的体验。迄今为止的证据表明,电子阅读器最适合简单化的通俗小说阅读,市场也正向这个方向运行。① 与纸质书籍相比,还有更多围绕着我们对电子书心理映射的研究有待开展。阅读纸质书籍时,我们清楚地了解这本书有多厚,我们已经阅读了多少内容,能判断出小说中的人物第一次出现是在哪页。这种心理地图是否揭示了线性阅读的重要性呢?一个带有超链接的文本可以是一本具有许多路径的书,也可以是创建许多外链资源,但也许正是在超链接的情形下,我们的大脑无法运转?正如恰尼所言:"线性文本形式的发展,其精心排序与其说是反映了印刷媒体的约束性,不如说是反映了读者和作者的需求,他们依赖于文本对流动的思想进行排序。"②

电子书加快我们的阅读速度也未必有益,囫囵吞枣不能鼓励静心阅读和深入思考。正如我们发起慢食运动以应对快餐,我们应当倡导慢阅读,向孩子们大声朗读、收听广播,或者以一种闲适的节奏进行阅读。

关于图书读者的范围和规模的研究很难评估,但我们可以得出一些结论。即使阅读遭到来自其他媒体的竞争,也没有人认为阅读的丧钟会真的被敲响。曾经是电视对我们产生了巨大的影

---

① In his book *Burning the Page*, Jason Merkoski, a member of the launch team at Amazon, says that the Kindle was 'targeted at readers buying genre fiction like romance books and sci-fi and bestsellers. Even in print, these books aren't stylistically nuanced'(Sourcebooks, 2013, loc 663 of 3546 in ebook). In the UK market in 2012, fiction sales took 65 per cent of the ebook market by volume; and 27 per cent of volume sales in fiction were in ebook form. Lisa Campbell, 'Fiction Rules 2012 E-book Sales', *The Bookseller*, 4 April 2013.

② Davida Charney. 'The Impact of Hypertext on Processes of Reading and Writing'. in Susan J. Hilligoss and Cynthia L. Selfe (ed.). *Literacy and Computers*. Modern Language Association (2004), pages 238 - 263.

响，现在是互联网影响了我们使用媒体的习惯，然而还有一些互联网的狂热用户似乎仍然被书籍所吸引。我们可以看到在许多热衷阅读的国家中，阅读课程和其他媒体同步发展。文化差异无处不在，上海读客图书有限公司的杨方舟（音译）观察到中国还没有兴起沙滩阅读的概念，她说："中产阶级正在时兴假期热，但以四处游玩、观光、购物为主，而不是休闲地躺在沙滩上看书。"①

为什么读书仍然很重要？对智商的研究表明，工作环境是我们词汇发展的最重要因素，而不是为了娱乐而读书。但是其他研究在娱乐阅读和有效阅读之间建立了联系。2009 年 PISA 报告比较了 65 个国家/地区 15 岁年轻人的阅读和数学表现，得出以下结论：

> 喜爱阅读并养成习惯的学生可以通过练习来培养阅读技能。PISA 报告显示阅读乐趣与学生表现之间存在明显的联系，享受阅读是有效阅读的重要前提，但这并不意味着享受阅读会对阅读分数产生直接影响。②

国家艺术基金会在研究中发现，文学类读者比非文学类读者更有意愿从事志愿者和慈善工作，热衷于参观艺术博物馆，投身于表演艺术活动和体育活动。③

除了对阅读的重要性采取任何功利主义的态度外，我们还可以说，我们需要讲故事和听故事：

> 艺术和科学都是我们聚焦视野并对事物施加秩序的产

---

① Interviewed by the author，8 February 2013.
② OECD，*PISA 2009 at a Glance*（2010），page 66.
③ National Endowment for the Arts，*Reading at Risk*. op. cit.

物。试想你身处的这个世界，充满了数万亿个细节，当试图形容它时，你会发现自己在叙述中插入主线。小说、故事、神话或轶事皆如是，使我们摆脱了世界的复杂性，又避免了无序性。①

最后，正如伊恩·麦克尤恩谈到小说时所说："我们渴望谈论和思考，我认为其他任何形式都无法传达那种内心的感受。"②

---

① Nassim Nicholas Taleb. *The Black Swan: The impact of the highly improbable.* Penguin, 2007, loc 1674 of 8278 in ebook.
② Interviewed by Rachel Cooke in the *Observer*, 19 August 2012.

第三章
数字时代,网络资源难道应该免费吗?

除了作者和读者,版权是支撑图书产业发展的第三大驱动因素。版权激发作者的创作积极性,为出版商投资和销售作品增添动力。版权保护缺失或者措施不到位,书籍及其内容会遭遇大规模的盗版和剽窃,原创作者和被授权商也几乎得不到回报。

版权面临的严峻挑战不仅仅是非法翻印等版权侵害,许多消费者甚至期望免费下载原创作品,包括音乐和电影。为了确切描述图书产业正在发生的变化,本章研究了其他媒体行业的发展历程,分析了现有版权制度在数字世界面临的巨大挑战。

版权制度

2010年,英国《安娜法令》颁布300周年,这是世界上第一部现代意义的版权法,开启了保护著作权人的创举,禁止第三方未经许可复制作品。版权首先属于作者,也可以授权给经销商或出版商。21世纪的版权制度规定版权优先归作者享有,书籍扉页背面的版权页也说明了这一观点。作者可以自己或者授权出版商出版著作。通常作者会在授权条款里保留著作权。

美国和欧洲的版权期限是从著作发表开始到作者去世后70年,为作者有生之年以及为其继承人创造经济利益。版权可以限制他人复制著作,出版商通常会控制作品复制权,通过直接销售书籍或转让复制权来获得收益,例如向报纸出售连载权或向其他出版商授予翻译权。版权制度必须得到严格执行,侵犯版权将受到法律起诉。

公众获取原创内容的诉求与创作者利益之间的对立关系,是版权制度要解决的问题。

一方面,版权有助于"原创作者"公开和传播其作品,另一方面又赋予了他们限制或拒绝传播其作品的权利。这一冲突反映了公众利益和私人回报之间的矛盾,正如《安娜法令》的全称所述:为鼓励知识创作而授予作者及购买者就其已印刷成册的图书在一定时间内之权利的法。①

作品的思想与表达形式二分法的原则,可以稍许解释这种矛盾。思想无法得到版权保护,因为每个人都可以免费拥有思想;一旦作品的思想成为有形的表达形式,就受到版权的保护。与传统的作者权观点一致,版权强调的是艺术天才的观念,褒奖的是非凡的想象力而不是简单的想法。版权保护的作品经受得住独创性考验,版权归原创者所有,而不是后来的加工者,例如,为一部小说进行大量编辑工作的人员不能声称是共同作者。那么人们不禁要问,数字出版渠道创造了大量合作和衍生的作品,这些作品的版权又该归谁所有呢?

版权制度遇到了不同的声音。有些作者想要拥有更多的读

---

① Peter Jaszi. 'Toward a Theory of Copyright: The Metamorphoses of "Authorship"'. *Duke Law Journal*, 1: 2(April 1991), page 463.

者,不希望看到版权成为一种障碍;但也有些作者不依赖创作谋生,很乐意看到自己的作品被广泛免费阅读和传播。以一位摄影师为例,他将自己的作品发布到网上,让其他人免费浏览和重复使用。他的最低要求是作品在再次使用时要正确标注原创作者。当然,这样的分享行为也不免引起担忧:商业机构是否会从中获利呢?

劳伦斯·莱斯格大力倡导对内容少一些控制,他认为免费文化应该支持和保护原创作者,"直接的方式就是通过知识产权保护原创作者,间接方式就是限制版权范围,保证后继的创作者尽可能不受过去的限制"。① 劳伦斯认为,免费文化在打击盗版活动中日渐成为牺牲品,版权不再能够平衡各方利益。"我们处在一个创作需要得到许可、是否具有创意必须咨询律师的时代,创新和改变的机遇越来越少"。②

艺术家约翰·斯泰泽克获得了 2012 年德意志证券交易所摄影奖,可有些人认为他的作品不过是衍生品。他采取抽象拼贴的方法,从老电影的剧照、明信片和杂志上剪贴其他摄影师的作品作为素材进行创作。在他职业生涯早期,约翰·斯特扎克曾被一些摄影师拒之门外,因为他们认为他在亵渎别人的作品,然而评委会却认可他在"揭示图片所具有的颠覆性力量"方面取得了成就。③

为了让作品获得更多的流通机会并且合法化,以美国斯坦福大学法学院教授劳伦斯·莱斯格为首的学术团体成立了"知识共

---

① Lawrence Lessig. *Free Culture: How big media uses technology and the law to lock down culture and control creativity*. Penguin, 2004, page 3.
② Ibid, page 106.
③ http://deutsche-boerse.com-press release of 4 September 2012, accessed 5 September 2012.

享组织"。通过知识共享许可协议,版权人在特定条款下将部分作品权授予公共使用者,禁止任何作品用于商业目的,不允许商业出版商直接选取作品公开销售获取利润。

例如,在 Flickr 网站(雅虎旗下图片分享网站),原创作者可以为作品申请一项许可协议。版权归属条款,是指允许他人对自己享有著作权的作品及演绎作品通过信息网络向公众传播,但在传播过程中必须保留原作品的署名。相同方式共享条款,是指只有对作者的衍生作品和原作品使用同样的许可协议,才允许传播衍生作品。阿什利·罗林斯和克雷格·莫德合著的《东京艺术空间》(2010)授予了作品知识共享许可权,版权页信息为:

此书内容不可复制,可以摘录,亦可全文抄录。可扫描喜欢的图片送给朋友,可以拍摄图片,亦或给家人发送一段访谈邮件,甚至将图片上传到微博。总之,请不要将此书内容用作商业目的,引用时请注明原创作者。[1]

这类许可协议为混搭创作留出了空间,充分利用了数字媒体的优势。合成作品可能是图像叠加文本的形式,广为人知的事例是美国国务卿希拉里·克林顿在军用飞机上戴着墨镜的照片。故事背景是,希拉里的前任赖斯在向前总统小布什抱怨说:"我给希拉里发了一条短信,说我可能把最喜欢的太阳镜忘在飞机上的小桌上了。"希拉里·克林顿回短信说:"对不起,赖斯,我没看到你的墨镜。"经过混合创作,这些图片已成为在社交媒体和互联网上疯狂传播的段子。

---

[1] Ashley Rawlings and Craig Mod. *Art Space Tokyo: An intimate guide to the Tokyo art world*. Pre-post,2010,page 4.

翻页：书的演变

还有些人提议内容应该免费，既然内容以数字形式呈现，就应该可以免费获取。纸质图书需要印刷和发货，付费理所应当；电子书籍没有相应的成本，没有理由收取费用。事实上，电子书的边际成本，即生产一个单位电子书的新增成本，几乎为零。这个想法可以追溯到1985年斯图尔特·布兰德对数字时代的评论：

> 这是个有趣的悖论。一方面，信息是宝贵的，应该具有价值，在合适的地方得到合适的信息会改变你的生活；另一方面，公众希望信息是免费的，因为发布信息的成本越来越低。这两种观点相互矛盾。①

毫无疑问，网络时代的基本哲学是资源应该免费存取，这也是维基百科和Linux等开源软件背后的理想主义情怀。当然，免费内容会给某些玩家（比如谷歌）带来经济效益，他们依赖丰富的资源来构建自己的服务体系。《连线》杂志联合创始人凯文·凯利认为，数字内容不再具有价值，创作者必须找到其他收入途径：

> 复制品时代已经过去，它创造的经济模型正在坍塌。复制品泛滥使其失去了自身的经济价值，不再是财富的基础，取而代之的是关系、链接、联系和分享。价值已经从复制品本身转移到回忆、注释、个性化、编辑、认证、展览、评价、转让、作品互动等方面。作家和艺术家的谋生方式不再局限于销售廉价

---

① Stewart Brand (ed.). 'Keep Designing: How the information economy is being created and shaped by the hacker ethic'. *Whole Earth Review* (1985), May, page 49.

的复制品本身，而是出售作品的其他权利，如演出、与创作者近距离互动、个性化服务、附加信息、加强关注度（通过广告）、赞助、定期订阅——简而言之，所有这些价值都是无法复制的。[1]

持不同意见者担心，如果不直接对内容收费，原创作者终将会破产。看不到预期和可预测的回报，就没有理由对项目投资，作者不会投入时间创作，出版商不再与新作者签约，也不会再对书籍的编辑、营销和发行投入人力财力。

精神权利制度对作者多了一层保护，它源于法国的精神权利概念，虽然各国都有自己的阐释，但普遍认可作者有两项基本权利，第一是署名权，是指在作品上表明作者身份；第二是保护作品完整权，是指作者享有保护作品完整性和禁止他人歪曲、篡改作品的权利。米拉·桑达拉·拉詹曾经建议："精神权利保护作者免受由于作品遭遇不公正对待而造成的精神、智力或心灵伤害。"[2]法国人通常认为精神权利比经济权利更重要，但法院的一项判决体现了精神权利有趣的另一面。维克多·雨果（1802—1885）的一位后人走上法庭试图阻止《悲惨世界》续集的出版，他认为，法国的司法管辖权对主张精神权利是没有期限限制的。法律辩论持续了很久，2007年法院判定出版商获胜。法院裁定，尽管有证据表明雨果本人不喜欢续集，但这些新书并没有侵犯作者的作品完整权。这一点对同人小说意义重大，同人小说因为非商业性质得以广泛传播（不会因为侵犯作者版权而受到处罚），现在看来，如果这些作

---

[1] Kevin Kelly. 'Scan this Book!'. *New York Times*, 14 May 2006.
[2] Mira T. Sundara Rajan. *Moral Rights: Principles, practice and new technology*. Oxford University Press, 2011, page 7.

品没有改变作者的原作内容,就不会侵犯作者的精神权利。①

音乐产业

图书行业与音乐行业是否有可比性,人们意见不一,但常常会把图书与音乐产业相提并论。音乐作品刚开始拒绝用户下载,后来发现不得不接受用户的下载行为,音乐产业在从实体产品向数字产品过渡的过程中经历了严重衰退期。虽然黑胶唱片销量小幅回升,唱片整体销量却一直在下滑,提供 iTunes 等合法渠道下载带来的收入没有能够弥补亏损。

虽然不会公开承认,但许多人的确很乐意与朋友和家人分享音乐、喜欢从网站上下载免费音乐。随着电影流媒体越来越受欢迎,带宽功能越来越强大,免费下载电影也越来越常见。人们普遍认为,音乐行业的错误之处在于拒绝下载,也不应该创建 Napster 这样的共享网站。如果一开始就推广便捷、合法的音乐下载渠道,可能消费者文化就会适应数字环境,不会走向相反的免费方向,这给图书产业上了重要一课。

有一些关于音乐产业的有趣研究。英国音乐产业销售收入随着数字化时代的到来急剧下降,7 年内就下降了约 1/3,总收入从 2004 年的 12 亿英镑跌到 2011 年的 8 亿英镑。2011 年,数字音乐收入达到 2.82 亿英镑(较前一年增长 25%),但显然仍无法弥补实体音乐产品销售额的下降。从产品销售数量来看,唱片销量自 2004 年以来下降了近一半,2004 年卖出 1.634 亿张,2011 年只

---

① See ibid, pages 61-63. It is interesting to reflect on whether *Pride and Prejudice and Zombies* (see chapter 1) would be seen as a violation of the author's enduring moral rights.

卖出8 620万张,黑胶唱片销量仅占总额的0.3%。①

在美国,自2004年以来,专辑整体销量每年都在下降,只在2011年小幅增长了1.4%;单张专辑销售额下降了2/3,只有2.24亿美元;2000年到2010年,录制音乐收入下降了52%。2011年,数字音乐下载首次占据了整个市场的一半。②

毫无疑问,免费下载音乐的行为在一些国家已经根深蒂固。尽管对海盗湾等网站采取了法律行动,但几乎没有迹象表明这些行动产生了效果。2012年的一份报告列出了非法下载音乐最多的5个国家,分别是美国、英国、意大利、加拿大和巴西。③一种下载渠道被关闭,另一种下载渠道马上就更受青睐,例如,利用转换器从YouTube视频创建MP3文件。

与此同时,法国对非法下载的强硬立场似乎带来了销售额的增长,2012年初就有报道称:两年多前,法国批准了一项严厉打击版权欺诈的法案。上周,监管该法案的机构向法院提交了首批案件,一些惯犯可能会被暂时切断网络。研究表明,自从所谓的"三振出局法"生效以来,盗版在法国的吸引力已经减弱。音乐和电影产业率先执行"三振出局法",支持网络公开获取的人士对之恨之入骨。数字销售虽在法国起步缓慢,但增长势头较好,音乐产业的收入开始走向稳定。环球唱片法国公司总裁内格雷说:"我认为越来越多的法国人明白,艺术家的作品应该得到报酬。我想每个人都有朋友收到了这样的电子邮件,这件事引起了一阵轰动,产生了

---

① Tim Bradshaw. 'UK CD Sales slump to Half of 2004 peak'. *Financial Times*, 2 January 2012.
② Ben Sisario. 'Full Album Sales Showed a Little Growth in 2011'. *New York Times*, 4 January 2012.
③ Dave Lee. 'A glimpse at piracy in the UK and beyond'. 17 September 2012. http://www.bbc.co.uk/news/technology-19599527. accessed 19 September 2012.

教育效应。"①

瑞典也有证据表明,强硬立场会打击盗版现象。2009年瑞典通过一项法案增加了盗版被起诉的可能性,网络流量受到直接冲击,一夜之间下降了40%。阿德里尔·阿德蒙和梁哲源的研究表明,盗版音乐对合法音乐冲击很大,盗版每下降一个百分点,音乐实体产品和数字音乐的销售都有显著增长(分别为0.72%和1.31%),电影产业的相关性稍弱。然而,他们发现该法律效应仅在6个月后就减弱了,因此对法律长期控制的有效性表示怀疑。②

对美国和德国音乐收藏的研究显示,18—29岁的年轻人拥有的数字音乐约有一半是免费下载或是来自朋友和家人的分享,免费下载次数和分享次数不分伯仲,两种行为都很常见。随着管理部门采取行动打击下载网站,从亲朋好友那里拷贝音乐更加普遍。③

可以看出,免费下载降低了音乐产业创造的价值,消费者形成了共享文化观念。一些艺术家也通过发表公开声明或发布免费下载的音乐产品来鼓励共享文化。2008年6月,乔斯·斯通公开支持盗版和音乐共享:

> 我认为共享概念很棒,我喜欢这个模式,这很有创意。音乐应该分享,我相信这样音乐才具有疯狂性。我唯一不喜欢

---

① Eric Pfanner. 'Copyright Cheats Face the Music in France'. *New York Times*, 19 February 2012.
② Adrian Adermon and Che-Yuan Liang. 'Piracy, Music and Movies: A natural experiment'. IFN Working Paper, No. 854, 2010. Research Institute of Industrial Economics, Stockholm, Sweden.
③ 'Where do Music Collections come from?' blog posted on the American Assembly, Columbia University.

的就是把音乐当作生意,如果音乐是免费的,没有生意可做,那就只留下音乐。所以,我认为我们应该分享它,这样很好。如果你买了我的唱片,那也很酷。尽情享受,或者你的朋友一起分享,都可以。我不在乎你怎么听到的,只要你听到就好。你来看我的演出,听现场表演,玩得尽兴,这就很好了。①

乔斯·斯通这样的成功艺术家可以对非法下载放松警惕,但她也指出了音乐人赚钱的另一种途径——巡演和现场演出。老乐队看到他们的版税收入下降,总是可以做些变通,推出现场巡演,不仅有票房收入,还有T恤和DVD等商品收入的分成。正如帕特里克·维克斯托姆所言:

> 唱片收入的损失可以通过增加巡回演出来弥补。显而易见,现场音乐体验很难数字化,比起那些受数字技术影响更深远的行业,音乐行业应对起来相对容易一些。艺术家仅仅靠录制音乐已经越来越难以维持生计,更多艺术家诉诸巡回演出,每年演唱会规模也会增长。②

作家们的确也开始宣传他们的新书,有一些开始对出席公开活动和文学节收费,但收入来源不如成功的音乐家那么有把握。哪位作家能一次让5万多人每人支付60英镑坐满一个足球场呢?很难想象他们会对免费赠送自己的作品感到轻松。保罗·柯艾略

---

① http://blogs.tn.com.ar/internet/archives/2008/06/joss_stone_y_la_pirateria_en_la_red.html.
② Patrik Wikström. *The Music Industry: Music in the cloud*. Polity Press, 2009, page 137.

翻页：书的演变

在第二章中曾提到，允许免费下载书籍是一种有效的营销方式，但也会对图书销售产生巨大影响。

音乐免费下载使得音乐市场相当萧条，这会对音乐数量和质量造成什么影响呢？乔尔·沃德福格尔用定量研究法分析了 Napster 时代以来的音乐质量。①例如，基于评论家们列出的音乐清单和电台播放的音乐，他想通过研究弄清楚音乐质量是否下降了。他认为，高质量的原创音乐仍将源源不断地出现。对于音乐产业收入大幅减少的现象，他的结论是：因为创作、推广和发行音乐的成本降低，音乐产业的成本也降低了。

事实上，对艺术家或乐队来说，自己录制音乐并且发布到互联网上已经很容易——他们还需要唱片业吗？拉娜·德雷在 YouTube 上发布了她的单曲《电子游戏》，她的巨大成功启发我们可以有所作为。2010 年 5 月她第一次上传了这段自制录像，到年底观看量就达到了 2 000 万次。2007 年，老牌乐队电台司令在互联网上发布了专辑《在彩虹中》，直接吸引了大量粉丝。他们采用"诚实盒子"的方法让大家支付下载专辑愿意出的价格。最初，汤姆·约克以为他们是在颠覆唱片公司，但到 2013 年他意识到，他们可能只是落入了苹果和谷歌等科技公司的陷阱。为了保持股价上涨，这些公司不断将产品商品化，但在赚取数十亿美元的同时，也让音乐和报纸的内容变得一文不值。②

为什么要用唱片公司录音呢？非正式的录音、网络视频和现场表演都会传播艺术家的口碑，巡回演出也有可能提供令人满意

---

① Joel Waldfogel. 'Is the Sky Falling? The quality of new recorded music since Napster'. column posted at Vox, 14 November 2011. http：//www.voxeu.org/, accessed 29 February 2012.
② Interviewed in the *Observer*, 24 February 2013.

第三章　数字时代,网络资源难道应该免费吗?

的收入。杰里米·顿克在一篇古典音乐家录制唱片的文章中,总结了一些需要解决的问题:

> 古典音乐家们每年都录制唱片留给后人,虽然通过这种方式赚钱的日子已经一去不复返了,但我们还在坚持。这种方式可以刷新存在感,可以短暂性地逃避演出,也可以让那些从不听音乐会的人听到你的音乐。有次在镇上吃午饭的时候,我的经理像慈父一样严厉地对我说:"我们需要在演唱会上销售音乐作品,让观众任何时候都可以谈论和评价我们的作品。"不出所料,虚荣心点燃了生意经。①

就像纸质书籍一样,唱片代表了一种永恒性。他们可以在50年后被听到,被评论家和粉丝们议论,这也是作品的一种商业模式。

报纸

报纸是另一个价值流失的媒体行业。2009年美国报纸业每天售出4 400万份,比20世纪40年代以来的任何一年都要少。许多国家报纸行业陷入了恶性循环,收入下降推高了标价,迫使发行量进一步下降。在线广告出现了增长,但并不能弥补印刷广告价值的萎缩。与此同时,报纸必须创造新的内容,从纸质媒介转型到视频格式。矛盾在于,越来越多的人通过网络和手机阅读报纸,内容大多是免费的。《波士顿环球报》出版人克里斯托弗·迈

---

① Jeremy Denk. 'Flight of the Concord: The perils of the recording studio'. *New Yorker*, 6 February 2012.

耶 2011 年说:"我们的消费者数量创了新高。纸媒和数字媒体之间的市场渗透率超过 50%。"①

报纸所面临的挑战是在数字时代参与有效竞争的同时,如何解决收入下降的问题。

新闻编辑室在精简了纸质报纸尺寸和缩小了新闻版面之后,可供发表文章的空间减少了。编辑和记者面临着更大的压力,要创建社交媒体,要创作适合智能手机和平板电脑的文字内容,这还不包括每天出版纸质新闻和向网站提供突发新闻素材。②

有证据表明,报业收入下降,版面减少,新闻报道质量不断下降。2013 年《哥伦比亚新闻评论》对各种高端报纸过去 10 年发表的长篇文章(超过 2 000 字)进行了调查。除了《纽约时报》的长篇文章数量保持稳定外,包括《洛杉矶时报》和《华盛顿邮报》在内其他报纸的长篇文章数量大幅下降。2003 年《洛杉矶时报》发表长文 1 776 篇,2012 年骤降到 256 篇;2003 年《华盛顿邮报》发表了长文 2 755 篇,2012 年减到 1 378 篇。如今,报纸也发行图库和视频资料,但数据显示,报纸业在过去 10 年里出现了动荡。③

早在 2006 年,《经济学人》的一篇文章就思考了报纸行业的前景,认为报纸的逐渐消失值得关注,但不必恐慌。报纸正削减新闻版面,尝试新的商业模式(如免费报纸)。同时,公民新闻也开始发展。公众用智能手机拍摄视频,比如 2011 年"阿拉伯之

---

① Paul Steinle and Sara Brown. 'Embracing the Future'. *American Journalism Review*, Spring 2012, page 52.
② Pew Research Center's Project for Excellence in Journalism. *The State of the News Media 2012*, Key Findings. http://stateofthemedia.org/2012/overview-4/key-findings/, accessed 12 July 2012.
③ Dean Starkman. 'Major papers' longform meltdown'. *Columbia Journalism Review*, 17 January 2013. http://www.cjr.org/the_audit/major_papers_longform_meltdown.php?page=all, accessed 26 February 2013.

春"期间的视频,在博客上发表政治性文章、报道政治事件。总的来说,他们主要关心的是新闻业中的公众角色,这种情况会持续下去吗?不管怎样,随着互联网的发展,公民新闻变得更加强大。

新闻界的作用远不止调查滥用职权和传播一般新闻,更在于监督政府部门——在公众舆论的法庭上审判它们,互联网扩大了这个法庭范围。人们拥有有史以来最先进的装备,不再信任少数全国性报纸,更糟糕的是,也不再信任当地的城市报纸。谷歌新闻这样的聚合网站汇集了来自世界各地的新闻资源。英国《卫报》网站在美国的读者几乎是在英国本土的一半。①

然而,聚合网站最终需要整合内容,如果报纸在新闻方面减少投入,最终的结果将是所有人都只能从对方那里获取新闻内容。新闻人的首要任务就是要寻找新闻来源、编写和编辑新闻故事,而不仅仅是改写其他机构的新闻发布稿。在媒体融合的快速发展趋势下,媒体大师克莱·舍基只看到了一条出路:

> 商品市场的经典事例是牛奶销售。如果在方圆50英里内只有你拥有一头牛,你可以出高价获取暴利,因为没有人跟你比价。不过,现在有100头这样的奶牛,你只拥有其中一头,所有人都出低价,你的牛奶就无法卖出高价了。在一个激烈竞争的环境中,牛奶变成了一种商品,它的价格是由整个市场决定的。过去,拥有一份报纸就像拥有一头奶牛,特别是对于区域性报纸而言。即使是在城市,也有足够的细分市场——商业报纸、小报,另类周刊,并且有足够高的成本来阻

---

① 'Who killed the Newspaper?' *The Economist*, 24 August 2006.

止竞争。但是，今非昔比了，互联网已经取代了报纸业的商业价值。①

与书籍相比，报纸是一种看了就可以抛弃的物品，很容易被丢弃到废品站。随着时间的推移，书籍的好日子也所剩不多了。读者已经或正在转向在线或移动端访问，可以点击保存网络文章日后再读，可以转发给朋友或上传到博客，几年后这篇文章也可以在存档中找到。既然优秀、独立的新闻仍然是社会的重要组成部分，我们的任务是为它创建一个稳定的资金池，目前已有多种收入来源可供参考。《纽约时报》采用了一种"付费墙模式"，读者每月可以免费阅读一定数量的文章，要想阅读更多内容，就需要订阅。平板阅读模式要额外收费，即使许多内容可以在网页上免费阅览，用户们还是愿意换一种阅读模式。有趣的发展确实为传统媒体品牌提供了一些喘息的机会，越来越多的人使用移动设备，目前有超过 1/4 的美国人在移动设备上获取新闻，这些手机终端消费者更有可能通过应用程序和主页直接找到新闻机构，而不是通过搜索或推荐去寻找新闻，这也加强了消费者与传统新闻品牌的联系。②

全球报业面临同样的危机吗？北美和欧洲的报纸销售和广告收入下降了，在线新闻收入却在增长。例如，西班牙优质日报《国

---

① Clay Shirky. 'The Times' Paywall and Newsletter Economics'. http：//www.shirky.com/weblog/2010/11/the-times-paywall-and-newsletter-economics/，accessed 22 February 2012. He references a piece on Nicholas Carr's blog, 'Google in the middle'，dated 10 April 2009，http：//www. roughtype. com/archives/2009/04/google_in_the_m.php，accessed 22 February 2012.

② Pew Research Center's Project for Excellence in Journalism. *The State of the News Media 2012*，Major Trends. http：//stateofthemedia. org/2012/overview-4/major-trends/，accessed 12 July 2012.

家报》2012年裁员1/3。①德国2011年广告收入比2000年下降了43%。②相比之下,印度的数字媒体渗透率还较低,报纸业仍在蓬勃发展,且随着大众文化程度的提高,报纸行业面临发展机遇:

> 2012年印度估计有8万份独立报纸,其中85%是用印度22种当地官方语言印刷的,英语报纸的发行量每年增长约1.5%。非英语语言的报纸增长速度是现在的3倍,每年大约有2 000多万印度人脱盲。英语报纸吸引了高端读者群,带来70%的广告收入。③

对图书行业的启示

图书业可以从音乐和报纸行业的经验中学到什么?

音乐行业的发展告诉我们,时代已经发生了决定性的变化,无法回头。打击盗版和非法下载可能会取得一些短期效果,但严格的管制不太可能持续很久。伊恩·哈格里夫斯在2011年英国知识产权报告中总结说,我们不应指望仅靠更严厉的执法来解决侵权问题。④ 行业专家认为,最好的解决方案是让合法下载内容变得尽可能容易。例如,亚马逊提供的图书服务类似于iTunes音乐

---

① Giles Tremlett. 'Spain's El País newspaper feels the pain as it axes one third of workforce'. *Guardian*, 14 October 2012.
② Dietmar Henning. 'German newspapers call for pay cuts'. 17 May 2011, World Socialist Web Site. http://www.wsws.org/articles/2011/may2011/germ-m17.shtml, accessed 19 October 2012.
③ Ken Auletta. 'Citizens Jain: Why India's newspaper industry is thriving'. *New Yorker*, 8 October 2012.
④ Ian Hargreaves. *Digital Opportunity: A review of intellectual property and growth*, page 6. http://www.ipo.gov.uk/ipreview.

提供的服务，现在下载电子书并立即开始阅读非常容易。音乐所有权的问题已经进入了一个新阶段，一些用户乐于放弃自己的音乐收藏（或者从一开始就从不收藏），转向 Spotify 等流媒体服务。只要支付月租费，他们就能听到想听的所有音乐，生活不会被光盘或唱片弄得乱七八糟。2012 年音乐行业 20% 的数字收入来自流媒体服务，唱片公司经历了一段艰难的时期，但它们变得更精干、更强大，愿意为艺人提供服务，包括市场营销和推广。

表面上，书籍和音乐不一样，书籍不能像音乐专辑一样被分解。将 30 本不同的小说收藏到播放列表，你就可以创建自己的"威廉·巴勒斯系列"丛书，但大多数读者觉得不满意。对于非虚构类作品来说，读者可能只想要书的一部分内容。将作品进行分类按章节出售有一定道理。那些把书比喻成容器的人，渴望看到它像专辑一样被分解，每一章节一目了然。然而，边际成本的争议仍然存在，无论这本书是完整的还是细分的——反复下载电子书没有产生额外的成本，所以免费是不可阻挡的趋势。此外，如果网络搜索资源是免费的，为什么电子书籍不能免费呢？

限制下载盗版、鼓励朋友和家人之间分享音乐，确实为图书行业提供了可借鉴的发展渠道。纸质书通常会在家人或朋友之间传阅，电子书的消费者也想这么做。进行数字版权管理大体上阻止了更多共享的可能性，但是能持续多久呢？

报纸行业可以看到全球读者对内容需求的增长，本书第五章会再次讨论这个话题。随着内容的民主化、新闻来源的多样化以及互联网的普及化，内容有一种商品化的趋势。精英读者可能会为内容付费，大多数人可能会抵制这一举措。互联网上大量的免费内容让人们对已发布的信息价值产生了怀疑——在互联网上可获得的信息是否"足够好"？旅游出版领域看到了类似的发展趋势,用户生成的内容正在取代旅游指南印刷品的权威。从 2006 年到 2012 年,旅游出版物的销量持续下滑。①在此期间,除了金融危机的影响外,TripAdvisor 等旅游网站的发展也对销量产生了影响。这些网站发布用户评论,围绕点击率和展示广告开发了新的商业模式。新闻领域也强调作者要找到自己的读者。如"福布斯"有一个庞大的撰稿人团队——博客作者、学者和专家,他们的收入取决于他们的读者数量,这种模式鼓励他们通过社交媒体宣传自己以增加收入。②

买一本电子书的方法简单直接,但如果希望电子书籍很廉价(甚至期望免费),图书行业的价值就会被拉低,音乐行业也经历过这样的境况。无论是现场活动、广告还是商业推广,都无法弥补作品内容价值的下降。

克里斯·安德森在《免费》(2009)一书中提出了这样一个论点:低边际成本导致企业不得不创新交易方式,免费提供产品或服务,同时在其他方面创造收入,如咖啡店提供免费 Wi-Fi 吸引顾客。③他提出,非虚构类作品与音乐专辑有相似之处,即免费下载书籍可以促使作者举办多次演讲或者为读者提供咨询服务,下载音乐可以为艺术家的演唱会做很好的宣传。他仍然看到了纸质书的商业模式,如果能促进纸质书的总销量,作者们可能会很乐意提供免费电子书。电子书销量不断增长,作者们对免费内容的发展趋势无法淡定。

---

① Stephen Mesquita. 'Trends in Travel Publishing in the US and UK markets'. *Logos*, 22: 3(2011), pages 44 – 50.
② See the interview with Lewis DVorkin, Chief Product Officer of Forbes Media. *Guardian*, 22 April 2013.
③ Chris Anderson. *Free: The Future of a Radical Price: The economics of abundance and why zero pricing Is changing the face of business*. Random House, 2009.

我们可以重新定义免费的概念,创建一个让读者先阅读后付费的模式。他们可能对书籍感到满意而选择打赏,可能以试读的心态选择不付费。然而,如果很多书不读书或者没有读完,这对行业发展就很不利。

在完全两极化的争议中,作者应该站在什么立场?直觉上,或许作者应该支持开放获取,而不是与大型媒体公司沆瀣一气。米拉·T·桑德拉·拉詹说:"作者本身的立场既依赖于出版商,又与出版商有隔阂——既支持开放获取,又反对开放获取。"毫不奇怪,许多作者赞同开放获取,但生存的经济问题或是对经济成功的渴望,可能让他们选择与出版商为伍。①她认为,知识共享模式对于那些"不需要或不打算通过创造性工作赚钱"的作者来说是一种解决方案。②作者对作品有优先控制权(虽然她的想法有些自私),有权选择用何种知识共享许可协议来保护自己的权益。

对大多数作者来说,版权制度仍然有其吸引力。如果你的作品很畅销,你会希望能有制度担保你从销售中受益;虽然大多数作者不一定会有畅销作品,但这样的假设是令人欣慰的。诗人温迪·科普亲身经历了她的作品被免费获取的下场。她的诗很短,容易在线发布,她面对的未来是没有人需要买她的作品。事实上,她发现许多诗歌在网上匿名发布而找不到原创作者。

> 互联网上到处可以读到我写的诗。我已经设法把它们从几个主要侵权网站上删除了,但是未经允许发布诗歌的网站

---

① Mira T. Sundara Rajan. *Moral Rights: Principles, practice and new technology*. Oxford University Press, 2011, page 494. The term 'open access' has most prominence in the area of academic publishing, where it is argued that publicly funded research should be made freely available to all.

② Ibid, page 502.

有几十个，可能是几百个。用谷歌搜索我的某首诗歌标题，几乎总是能找到整首诗，还可以下载打印出来。这一定会影响我的书籍销量。①

她觉得以后应该在墓碑上刻上"温迪·柯普，保留所有著作权"这几个字。她写了一首关于侵权的诗歌，其中一句是："这是法律：创作者拥有版权，不容忽视，不可复制——若要获取，请你支付。"她尝试把诗歌标题刻在马克杯上销售，如《为金斯利·埃米斯制作可可》，但这些销售收入是否足以弥补损失仍未可知。

盗版

书籍出版已经数字化了，从原稿的排版、设计，到终稿的付梓，都是数字化过程，尽管是虚拟的，但最终版与纸质版内容是一致的。纸质书籍的好处是使盗版变得更加困难，因为盗版可以被没收和销毁。相比之下，电子书很容易被盗版，没有任何数字版权管理系统可以免受攻击，无论是个体还是行业协会出版商都在与文件共享网站展开一场旷日持久的斗争。文件共享网站可能通过提供丰富的内容获得广告收入，现有法律要求网站删除未经授权的复制，但这场战争不会很快结束。已经有人采取行动阻止人们访问海盗湾等网站，要求互联网服务商限制这些网站运营，搜索引擎也拉低了这些网站的评级，阻止它们出现在搜索结果的醒目位置。

盗版的泛滥程度因国家而异。例如，俄罗斯的图书盗版似乎比较严重。乘坐莫斯科地铁，你会发现电子书阅读器到处可见，但

---

① Wendy Cope. 'You like my poems? So pay for them'. *Guardian*, 8 December 2007.

其储存的电子书很少是购买的。据估计,盗版图书占下载总量的90%,大约有10万种图书可供下载,包括非法翻译的图书。①盗版只会对纸质书和电子书的销售产生不利影响,2012年小说销量约下降了30%。② 2012年,Eksmo出版公司负责人奥列格·诺维科夫警告说,政府如果不大力保护,"作家们将完全停止写作,并找到另一种赚钱的方式"。③

如前文所述,如果作品因为大量曝光而增加销量,有些作家愿意接受盗版。保罗·科埃略在自己的博客上鼓励盗版行为:"世界盗印者们联合起来,把我写的所有东西都拿去翻印吧!"④他认为,你在收音机里听到一首歌会让你想去买唱片,你对文学书籍也是一样。2011年,美国国会通过了《禁止网络盗版法案》,该法案旨在增强企业对侵权网站、互联网服务提供商和搜索引擎采取行动的权力。作为回应,2012年1月维基百科和其他网站关闭了服务,抗议《禁止网络盗版法案》对言论自由和创新构成了威胁。

对于盗版的危害,其他作者就不那么乐观了。西班牙畅销书作家埃切贝里亚曾在2004年获得普兰塔文学奖,2011年她宣布网络盗版击垮了她。在全世界人均非法下载量排名中,她的祖国西班牙名列前茅,她发现非法下载的书籍数量超过了纸质书籍销量,她不得不认输,并且彻底放弃了创作。2012年,奇幻作家特

---

① Peter Mountford. 'Steal My Book! Why I'm abetting a rogue translation of my novel'. *Atlantic* (2012), November.
② Statistic about fiction sales from Publishers Association International Conference. London, 13 December 2012.
③ 'Executive urges Intellectual Property Protection'. *Moscow Times*, 24 April 2012.
④ Paulo Coelho. 'My Thoughts on SOPA'. entry in his blog, 20 January 2012. http://paulocoelhoblog.com/2012/01/20/welcome-to-pirate-my-books/, accessed 28 October 2012.

第三章 数字时代,网络资源难道应该免费吗?

里·古德金德自己出版了一本电子书,书名为《第一个忏悔者:大南方的传奇》。不久之后,古德金德对盗版感到失望,于是他采取了攻势。他在自己的 Facebook 页面上公布了其中一名盗版者的名字和照片,并留言:你自称是一个崇尚真理和荣誉高于一切的粉丝,真讽刺啊!我们希望你的名誉能抵消你的恶行。①面对这样的反击,盗版者们很快就撤退了,古德金德获胜。

艾德里·安约翰斯在有关盗版史的书中提到盗版的两个内涵。②首先,知识产权只有在得到承认和保护的情况下才能存在;其次,打击盗版的措施有时会影响到社会其他方面。为了让版权制度继续存在下去,作者、出版商和其他相关企业和机构必须准备好采取实际行动反对那些侵权者。如今的问题是,打击盗版的措施似乎只保护媒体公司的利益,这些公司一直在敦促政府和技术中介采取行动。此外,为控制互联网而提出的一些措施,包括封锁网站域名,使人联想到极权主义,行使这种权力对言论自由构成了威胁。设备制造商定期更新技术(智能手机软件更新)控制媒体消费——乔纳森·司崔安称这些设备为"防拆装置"——未来干预的可能性还会加大。③

数字版权管理

科技公司称,功能和控制之间存在取舍。所谓的"有围墙的花

---

① Alison Flood. 'Book "Pirate" goes Underground after being named by Terry Goodkind'. *Guardian*, 11 July 2012.
② Adrian Johns. *Piracy: The Intellectual property wars from Gutenberg to Gates*. University of Chicago Press, 2009, pages 497–8.
③ Jonathan Zittrain. *The Future of the Internet: And how to stop it*. Yale University Press, 2008.

园"只有限制了不合格的应用软件或内容才能提供更好的用户体验,例如脸书的封闭生态系统。随着电子书的问世,消费者只能在特定平台(如 Kindle 或苹果设备)使用,无法在设备之间轻松转移书籍。越来越多的公司发行无数字版权管理的电子书,例如出版公司 O'Reilly 提供了多种格式的电子书,消费者可以获得终身所有权。2012 年创建的波特魔社交游戏网站第一时间提供哈利·波特系列图书的电子书。当时,该网站决定不实施严格的数字版权管理,而是用水印将图书和购买者的详细信息记录在案便于追踪。根据协议条款,同一版本的电子书买方可以下载 8 次,可以不同的格式和在不同设备下载。①如果书籍在免费下载网站出现,波特魔网站可以通过原始水印追踪到罪魁祸首(除非水印被剥离)。这种所谓的社会数字版权管理或水印管理还利用舆论法庭来强制执行原始许可证。据说,不明原因的盗版占 1/3,对版权无知的盗版占 1/3,还有 1/3 是为了销售谋利。公开发布水印可以建立读者社区的信任,没有人会传递盗版书籍来羞辱自己,因为水印追踪会把他们的名字公布于众。然而这并不会阻止家人和朋友之间在有限范围内分享电子书,就像分享音乐一样。

社会数字版权管理让人想起早些时候的一场盗版阻击战。1965 年 5 月,美国出版商王牌图书公司未经授权发行了托尔金的《指环王》平装本,宣布该书已进入公众领域。同年晚些时候,百龄坛图书出版公司出版了授权版,并附上了作者的声明:"该纸质版平装本是唯一在我的同意下合作出版的版本。请购买该版本而非其他版本,这是对作者的尊重。"在作者和读者的坚持下,王牌图书公司让步了,他们支付了作者版税,再也没

---

① http://www.pottermore.com/.

第三章 数字时代,网络资源难道应该免费吗?

有翻印非授权版本。①

数字水印为电子书的消费者提供了分享图书内容的机会,就像他们分享纸质书一样,但数字文件共享的便捷性也让出版商对共享的程度感到焦虑。此外,如果电子书的二手市场发展起来,用户可以很容易地通过许可协议出售电子书,那会带来什么后果呢?②众所周知的是六度分离理论,即生活在这个世界上的每个人平均只需要通过6个中间人就能与全世界任何一个人建立联系,这催生了凯文·培根的《六度空间》游戏,玩家需要想办法建立任何一位演员与凯文·贝恩之间的联系,步骤不超过6个,越少越好。20世纪60年代,心理学家斯坦利·米尔格拉姆进行了一项研究,利用书信交流来找出连接两个独立的人需要多少步骤。他着手研究"小世界问题"的现象,即当两个陌生人开始交谈时,他们往往会找到一个共同的熟人。

许多人惊讶地发现,平均只需6个人就可以连接任何两个互不相识的美国人,不管他们住在美国的什么地方。几何级数的增长速度远远大于单纯的倍增,这是小世界的理论基础。③

2011年进行Facebook用户研究(当时Facebook用户占世界人口的1/10)显示,92%的不曾有联系的两个人,只需4个中间人就可以认识对方;如果在同一个国家,只需3个中间人就可以

---

① See Christina Scull and Wayne G. Hammond. *The J. R. R. Tolkien Companion and Guide*. HarperCollins, 2006.
② Such a service, ReDigi, existed for music until a US federal court ruled in 2013 that the business model infringed copyright. The company argued that the first sale doctrine — see the section below-applied but in fact most music is supplied under a licence. Ben Sisario. 'A Setback for Resellers of Digital Products'. *New York Times*, 1 April 2013.
③ Stanley Milgram. 'The Small-World Problem'. *Psychology Today*, 1: 1(1967), May, page 66.

翻页：书的演变

认识对方。①本质上，社交媒体正在让世界变得更小，可以将信息传播到全世界，也恰恰证明了为什么出版商对没有任何控制的电子书传播感到紧张。

数字版权管理对音乐传播也进行了管控，限制了复制音乐和播放音乐的设备功能。最终，数字版权管理被认为是一种过于严苛的手段。苹果公司2009年放松了对iTunes的版权控制，用户不仅可以在iPod上播放音乐，还可以在电脑和手机之间传输音乐。

但数字版权管理与内容所有权管理是分开的。2012年，演员布鲁斯·威利斯因担心自己不能把下载的音乐留给孩子们而成为新闻人物。米克·莱特发表了如下评论：

> 你有权利把音乐转移到其他设备上，给自己复制备份，但事情不是这么简单。你拥有播放和复制它们的权利，但却没有权利把它们送给别人。布鲁斯·威利斯开始担心这件事情可能会让他去世很痛苦。②

布鲁斯·威利斯难解之谜突出了版权作品的实体版权和数字所有权的一个重要区别。

版权制度的未来

你可以把你买的纸质版图书送给朋友和家人，也可以卖给二

---

① Lars Backstrom. 'Anatomy of Facebook'. Facebook Data Science, 21 November 2011.
② Mic Wright. 'Bruce Willis versus Apple: do we own what we download?' Telegraph blog-http://blogs.telegraph.co.uk/technology/micwright, accessed 5 September 2012.

第三章　数字时代，网络资源难道应该免费吗？

手书店或慈善商店。你可以把它放在书架上，30年后重新找出来阅读。根据首次销售原则，合法制作的作品复制件经版权人许可首次向公众销售以后，版权人就无权控制该特定复制件的再次流转了。相比之下，如果你根据某种许可协议下载一本电子书，你却不拥有这本书的内容，而且只能在许可条款范围内才能将其传递给其他人。2009年有一个著名的例子，用户购买了电子版的《1984》用在Kindle上阅读，但亚马逊意识到该书存在版权问题后就把书下架了。很多人都注意到了其中的讽刺意味，他们认识到，一本书正在被阅读时却突然从设备上删除了。[①]要想绝对拥有一本书还得买纸质版本。斯洛文尼亚的学者米哈·科瓦奇说："我想要的所有的书一定要购买纸质版，因为如果亚马逊破产，我所有的电子书将很有可能消失。"[②]

合理使用原则在不同国家有不同的解释，教育领域最拥护该原则，认可知识是一种公共产品，大家可以复制有版权的书籍用于评论或借鉴。广义上讲，有限引用其他作品可以不经原创作者同意，而使用图像或长篇引用则需要获得许可（或许还需要付费）。如何找到平衡点需要视具体情况而定，例如，从一首诗歌摘录寥寥几行就得先获得许可。但是，如果通过主题词搜索获取一篇文章也会产生风险（引用学术性讨论的主题除外），天平就偏离了合理使用的原则。2012年，加利福尼亚拥有托尔金相关品牌全球版权的某家公司给英国南安普顿一家名为霍比特人的酒吧寄了一封信，威胁将采取法律行动要求酒吧停售所有与托尔金的书籍及其书中人物有关的产品。例如，停售佛罗多鸡尾酒和甘道夫鸡尾酒。

[①] Brad Stone. 'Amazon Erases Orwell Books From Kindle'. *New York Times*, 18 July 2009.
[②] Interviewed by the author, 23 January 2013.

翻页：书的演变

在托尔金系列电影的著名影星伊恩·麦克莱恩（甘道夫扮演者本人）和斯蒂芬·弗莱的介入下，该公司做出了让步，表示只要酒吧支付100美元的授权费就可以结束这场争端。①

对于合作性的作品，我们是否也需要一种更灵活的方式让它们得到更广泛的传播呢？数字产品达到了高度的交互性，吸引许多用户或参与者贡献稿件和图片，该如何解决它们的商业化和所有权问题呢？当作品混搭了不同来源的内容，又如何处理版权和道德权问题呢？有许多合作者的众包作品，放在一起可能会很有趣，但在追踪参与者和获得出版许可方面可能会遇到困难。对于希望将众包作品商业化的出版商来说，可能是一个复杂的过程，但如果合作不是为了商业利益，版权制度不应该更加宽容些吗？动机是关键因素，很容易辨别也很难辨别。2012年Facebook旗下的在线照片分享公司Instagram引起了轩然大波，当时该公司打算改变条款和条件将其内容商业化，希望能够不经许可向广告商销售图片，事后也不给图片所有者支付销售分成。Instagram在随后的反对声中做出让步，声称并没有试图主张对内容的所有权，但其司马昭之心路人皆知——它要通过免费网络服务平台找到赚钱的渠道。②

另一个合作产品领域是漫画扫描："扫描者是一个人或一群人，他们合作扫描并翻译漫画让全世界的粉丝欣赏。"③想要分享日本最新出版物的漫画迷们可以根据不同的原始素材上传自己的数字版本。虽然他们知道这些是未经授权的版本，但这种亚文化

---

① 'The Hobbit Pub could be Saved after Gandalf Stepped into Help'. *Daily Telegraph*, 16 March 2012.
② Jenna Wortham. 'Facebook Responds to Anger Over Proposed Instagram Changes'. *New York Times*, 18 December 2012.
③ Definition from the Baka-Updates website-http：//www.mangaupdates.com/groups.html.

第三章 数字时代,网络资源难道应该免费吗?

一部分是为了应对正版作品在西方国家的缓慢发行进程。大多数扫描团队都同意,他们不会盗版国际市场上有明确版权的作品。

一个约定俗成的规范是,一本漫画获得授权后,扫描和发行就会停止。尽管有些团队不遵守这个规范,但许多参与者会把该规范作为区分扫描共享和非法共享信息的重要标准。扫描者们对行业内的授权交易很警觉,通常也很精通。①

尽管美国的漫画销量在 2007 年达到了顶峰,但业界并不特别关注漫画扫描带来的影响。出版商不愿采取法律行动,因为这可能会伤害到粉丝基础。而且,有关扫描书籍的口口相传可能会刺激出版商尽快授权出版这些系列漫画,让书籍大销,喜欢书籍的读者通常会购买纸质版本。

2000 年,艺术家特蕾西·埃明参与了伦敦一所小学的项目,在这个项目中,孩子们围绕着"讲述美丽的事物"这个主题想出了一些词汇,这些单词被缝在棉被上由学校展出。后来学校打算出售棉被时,特雷西·埃明不仅声称作品归他个人所有还想把它要回去,直到学校同意保留并公开展出作品才解决争端。正确地说,如果作品要作为商品销售,在创作时就该有书面协议。当然,在项目最初启动时,学校几乎没有意识到这种需求,也不太可能是为了赚钱才设计这种棉被的。

目前的版权有期限吗?麦考利勋爵在 1841 年的一次演讲中指出,版权是一种"对读者征收的税,目的是给作家们一笔奖金"。② 以 1784 年去世的约翰逊博士为例,他提出,作者去世后很长一段时

---

① Definition from the Baka-Updates website-http://www.mangaupdates.com/groups.html.
② Thomas Babington Macaulay. *Speeches on Copyright*. edited by Charles Gaston, Ginn, 1914, page 25.

间内继续保护版权是荒谬的。"1841年版权仍然存在会让约翰逊感到欣慰吗？会激励他更努力地创作吗？会在中午之前把他从床上叫醒吗？他发脾气了吗？这会使他高兴起来吗？……死后20年还是60年的版权期限对约翰逊的褒奖将会是零或几乎为零的区别"。美国1998年通过的《松尼·波诺版权期延长法案》将版权期限从作者去世后50年延长到了去世后70年。该法案也被称为"米老鼠法案"，因为迪斯尼通过游说将作品（如电影）版权延长到了惊人的95年。电影《米老鼠》1928年首次获得版权，直到2023年一直会享有版权保护。

长期的版权保护肯定不能激励更多创作。它还有不利之处，即通过版权保护创建了一个无人区，人已故去，版权无用。一件作品也许会失去生命力，会被遗忘，也许理应如此，但如果无法追踪到版权所有者，出版商就没有动力将其重新出版。近年来，随着谷歌将数以百万计的图书数字化，这些所谓的"孤儿作品"日渐成为一个问题。谷歌将牛津大学博德利图书馆等拥有版权的图书馆的书籍进行了数字化，让人们随时可以在网上获取这些书籍。将超出版权期限的书籍数字化没有问题，但将仍有版权的纸质书籍数字化会导致平台与作者、平台与出版商的冲突。谷歌认为，合理使用原则意味着可以将作品数字化，而作者和出版商认为谷歌没有获得应有的许可权，即侵犯了版权。经过与出版商再次协商后，谷歌才获得同意将在印书籍数字化。

谷歌曾提出登记制度，将63%的书籍收入（如销售或广告收入）支付给版权所有者作为补偿。正如迈克尔·希利所指出的那样，该和解条款为"孤儿作品"重回公众视野提供切实有效的机制，而不是眼睁睁地看着它们从视线中消失。[①]最终，法律上的争论使得登记制度从未落

---

① Michael Healy. 'The Google Book Settlement: The end of the long and winding road?' Logos, 22：4(2011).

第三章　数字时代,网络资源难道应该免费吗？

实到位。后来又提议在英国建立一个数字版权中心,创建一个类似登记处,当版权所有者身份很难确定时,允许在缴纳合理费用的基础上使用受版权保护的作品。2012年底,出版商和谷歌之间的争端通过协议得到解决,由出版商决定哪些图书可以数字化;但谷歌与作者的争端仍未得到解决,"孤儿作品"如何处理的问题也未得到解决。

缩短版权保护期将使书籍更早地被自由获取,不会妨碍作者有生之年获得经济回报。美国一份关于延长版权期限对经济影响的报告显示,版权期限为55至75年的作品,只有2%的版权仍然具有商业价值。实际上,那些已经从作品中获得了丰厚收入的版权所有者还有其他收入来源。

还有一种观点认为,知识产权应该被视为一种公共产品让尽可能多的人获益,正如呼吸的空气是免费的一样。数字媒体的发展让这一观点得到了进一步的重视,因为重复使用的边际成本接近于零。关于延长版权期限的报告分析了这一想法以及如何付诸实践:

> 知识产权可以被描述为一种公共产品,向人们传播知识或美学概念不会消耗这些产品,也不会产生边际成本。然而,很明显,不对版权收取任何费用意味着对创作者没有任何补偿,也无法激励创作动机。作为折中的解决方案,版权应该是有限时间内的专有权。[①]

缩短版权期限不会对版权拥有者造成明显的不利影响,但会推动旧作的再版和传播。灵活处理合作性作品的版权,遵守版权法的合理使用原则,也将会激励行业进行更伟大的尝试和创作。

---

① Edward Rappaport. 'Copyright Term Extension: Estimating the economic values'. Congressional Research Service, Library of Congress, 11 May 1998, page 2.

第四章
数字化资本

电子书越来越受欢迎,取代了纸质书的市场份额,改变了我们收藏图书的理念,这给书籍消费方式带来什么挑战呢?图书产业在数字时代如何创造价值,通过什么资本形式体现价值?当实体书店不复存在,我们将如何邂逅新书和作者?网络环境下的书籍应该如何包装和销售?我们真的还有必要拥有图书吗?

毫无疑问,图书产业受到了冲击。随着电子书进入市场,出版业要应对越来越多的免费在线图书,通常是用户上传的内容。互联网是获取信息的默认途径(谷歌搜索拥有90%的市场份额),从脸书、维基百科到猫途鹰旅游网站和互联网电影数据库,用户通过搜索各种网站获得相关信息。线下品牌未必能成功地转移到线上,最能体现出版商成就的不是他们出版了多少本书,而是他们签约了多少品牌作家。

自20世纪90年代初以来,出版业就开始在数字领域一试身手,先是只读光盘,后是在线出版,而且在线出版已在期刊和专业出版等领域站稳脚跟。大型科技公司对图书购买和阅读模式的决策改变了图书产业的消费模式。索尼随身听曾在当年给音乐行业带来革命性的影响,2006年又推出了一款阅读器,其引以为豪的广告语是:"电子书终于成熟了。"该款电子书阅读器并没有打开图书市场,部分原因是电子书的丰富程度达不到消费者的期望,但它在很大程度上让人们接受了电子阅读的概念。为了抗衡谷歌全球范围内图书数字化计划,2005年微软公司宣布了数字图书馆计划,公开宣称要将线下资源如公共图书馆的书籍进行数字化,让人们在线方便地获取这些资源。2008年微软公司终止图书数字化扫描项目,声称要开发一个更加可持续性的商业搜索引擎。2012年微软宣布与美国连锁书店巴诺在数字阅读领域建立战略合作伙伴关系,这一举措让业内人士大吃一惊。

苹果公司在图书市场上也是一个出其不意的玩家,史蒂夫·乔布斯曾在2008年谈到Kindle时说:"与阅读器的好坏没有关系,真相是人们不再愿意读书了。去年,40%的美国人只读过一本书甚至更少。整个思路从一开始就错了,因为人们已不再喜欢阅读了。"[①]但是,iPad的广告仍然把阅读作为平板电脑的一大优势,乔布斯去世之前就制订了打破教科书市场的计划。更具讽刺的是,沃尔特·艾萨克森撰写的乔布斯传记成了全球畅销书。

谷歌于2004年宣布进入数字化市场,将版权作品和无法追踪版权所有者的争议性作品转化成数字化产品,并与出版商进行合作,通过显示部分电子文本来促进印刷书籍的销售。现在,它把电子图书放在Google Play商店与其他媒体一起销售,以更好地在设备市场与苹果公司和亚马逊展开竞争。

谷歌充实电子书籍数据库无疑增强了网站的搜索功能。公司联合创始人之一谢尔盖·布林表示,搜索的全面性不仅仅在于单词或字节的数量。"关键是要有真正高质量的信息。人类有着几

---

① John Markoff. 'The Passion of Steve Jobs'. *New York Times*, 15 January 2008.

翻页：书的演变

千年文化,最优秀的部分很可能就藏在书中。"①图书数据库也有助于人工智能领域的研究以及谷歌翻译软件的开发。

虽然电子书市场的商家有 Kobo 这样的小公司,但最大的竞争对手还是亚马逊。亚马逊早在 1995 年就开始了图书零售业务,先后在纸质书和电子书市场占据了很高的销售份额。当时杰夫·贝佐斯发现,互联网零售业不仅仅要为客户提供产品,还要能提供服务。网络作品的丰富程度要远远胜过超级大实体书店的图书总量,能实现可用性和便利性,特别是能帮助到当地没有书店的人,还能根据客户的兴趣进行个性化服务设计。亚马逊借助合适的设备打开了电子书市场,Kindle 给用户带来了高质量的阅读体验,携带方便,价格低廉,可以立即获取大量内容(2012 年有 130 多万册)。正如杰夫·贝佐斯所言,书籍是"模拟电子技术的最后堡垒",他又一次借助 Kindle 获得了服务要素——以丰富的内容和具有竞争力的定价打造臻于完美的服务。②

电子书推动了图书的在线销售。研究表明,越来越多的消费者进行网上购物,图书是消费者最乐意购买的在线产品之一。总的来说,推动网络销售最重要的因素是便利的服务和公道的价格,丰富性和产品信息不是那么重要。③消费者很大程度上更喜欢在实体店购买食品杂货,因为可以现场直接看到产品。相比之下,人们更愿意在网上购买书籍、音乐和电影产品,他们似乎为自己很了解产品内容感到高兴,这样就不需要亲自去体验产品,直接看看内

---

① Jeffrey Toobin. 'Google's Moon Shot: The quest for the universal library'. *New Yorker*, 5 February 2007.
② Brian Morrissey. 'Marketer of the Year: Jeff Bezos'. *Media Week*, 14 September 2009, page 30.
③ PWC report. *Understanding how US online shoppers are reshaping the retail experience*, 2012.

容介绍就可以了。消费者根据最佳场合或产品类型选择合适的购买渠道——网络、实体店、电视购物、移动购物。一项关于网络购物的研究发现:"全球超过90%的网购者在网上购买书籍、音乐和电影、服装和鞋类产品,数据高得令人吃惊。"[1]大约1/3的美国受访者依靠社交媒体了解消费品牌或零售商,虽然社交媒体还不是他们的购物渠道,但各种信息来源将在未来对他们的生活产生重要影响。[2]

数字化冲击

为什么需要外部力量才能撼动图书出版业?面对摄影或音乐领域发生的一切变化,为什么出版商和销售商不主动迎接电子书和数字化的未来呢?首先,他们目前不仅拥有一个安全的商业模式(纸质书销售),还拥有实物分配体系——虽然效率不高,但运作良好,因此没有理由作出改变。实体书店提供了阅读体验,互联网只是促进了滞销书的销售,这些书不一定会出现在繁华街道的书店里。电子书经历了过渡期,当时没有合适的阅读设备,也没人在电脑上阅读整本书籍,因此电子书的销量很低。20世纪90年代,多媒体产品曾涉足只读光盘市场,但高昂的开发成本很少得到回报。无论如何,正如许多评论家所说的那样,印刷书籍已是一项历史悠久的技术,人们不太愿意去改进。况且,鼓励数字内容创作可能会让图书产业成为下一个Napster,对免费获取和盗版行为敞开大门。

我们现在能看到电子书市场有未来,但此前为什么看不到呢?

---

[1] PWC report. *Understanding how US online shoppers are reshaping the retail experience*, 2012, page 6.
[2] Ibid, page 12.

翻页：书的演变

克莱顿·克里斯坦森研究过许多行业的衰败,他认为这并不是因为经营不善。简单地说,企业很难自我颠覆——为什么要颠覆自己呢？如果能在成熟市场获得利润,冒昧进入婴儿期的新兴市场就不太明智了。颠覆性的产品通常更便宜,公司的赢利会更低,对于单个玩家来说,整合市场资源也是件难事。如果市场现有玩家之间不合作,就需要外部推手整合资源,提供合适的设备和服务。于是,苹果公司进军音乐市场,亚马逊则聚合图书资源率先打开了电子书市场。

克里斯坦森还研究了美国的钢铁行业。小型钢铁厂在20世纪60年代首次实现了商业上的可行性,到20世纪90年代中期已成为行业中最高效、最具成本效益的板块。小型钢铁厂规模只有大型工厂或者综合性工厂的1/10。没有一家大型生产商愿意建立小工厂,而是坚决守护成本更高、资本更密集型的大工厂。小型炼钢厂从1965年白手起家发展到1995年40％的市场份额。那么,当大型生产商能够非常清楚地看到市场的变化时,为什么不立刻做出反应呢？早期小工厂生产的钢材质量较差,主要占领的是钢筋市场,大型钢铁生产商几乎松了一口气,他们不必参与这部分市场竞争,只需专注于生产利润率更高、质量更高的钢材,例如为易拉罐行业或汽车工业生产钢材。但随着时间的推移,小型炼铁厂开始向高端市场转移并占领了结构梁等其他市场；而大型钢厂仍旧为自己专注高层次市场沾沾自喜,不断告诉自己回报率才是终极目标。他们极其不愿意改变产品市场,坚决回避与小型钢厂的竞争。

电子书市场也是如此,只不过第一个冲击市场的不是老牌出版商,而是技术公司。事实上,面对图书产业的变革,一些出版商还是迟迟不愿进入电子书市场。正如克里斯坦森所说:"在资源开发的拉锯战中,现有客户的明确需求或潜在顾客的需求总会比虚无定论的市场受到更多重视。"①此外,一项颠覆性的技术往往是最不挣钱的——电子书就是这样,许多消费者都在免费或者以 0.99 美元的低价下载图书。克里斯坦森认为,依赖消费者的现有需求并且坚守旧产业暗藏着很大风险,他说:"今天看来对客户没有用处的产品(即颠覆性技术)明天可能直接触及他们的需求。"②早先市场似乎并不需要电子书,甚至说消费者根本不感兴趣,销售量很少。但是,当电子阅读器得到改进、价格下降、可供选择的电子书种类充分扩大时,消费者发现了电子阅读器的好处并开始把它当作礼物赠送给朋友。自出版的作品会不会也像钢材市场一样,在低端市场一路蚕食呢?电子图书行业入门成本低,例如,不需要实物仓储,这一优点将继续吸引新的参与者。除了线性小说之外,其他类别的图书创作也有改进空间,例如为书籍制作具有专业水准的视频。出版顾问迈克·谢智肯说:"我是不可知论者,我怀疑过去 100 年或 200 年里的纸质书对未来是否还有意义。这种情况下,图书出版商还能做出什么特别贡献呢,目前我们看到的图书产业变化只是一个序曲。"③

可发现性

传统实体书店需要重塑自我形象,否则就会消亡。当消费者只满足于在网络世界购买鞋子和衣服的时,实体书店的吸引力和

---

① Clayton M. Christensen. *The Innovator's Dilemma: When new technologies cause great firms to fail*. Harvard Business School Press, 1997, page 84.
② Ibid, page 226.
③ Interviewed by the author, 13 March 2013.

| 翻页：书的演变

独特的阅读体验能维持下去吗？实体书店还能与忠实的老顾客保持密切联系吗？对于独立书店，建立联系是指在特定主题领域（如旅游等）开辟市场，积极参与和举办社区活动，提供增值服务，如创办咖啡书店或组织儿童赛事。电子书进入市场后，实体书店如何迎合读者需求？美国巴诺书店在打造数字体验方面做出了成绩，苹果商店的成功也表明，数字产品也可以有实体店面。随着电子书进入图书市场，实体书店能长期生存的前景不容乐观。如果书店商业街占据了显眼的位置并保持着足够的库存，利润率肯定不会高。尽管美国独立书店数量从2009年到2012年略有增加，但从2000年到2007年大约有1 000家书店倒闭；2011年随着鲍德斯连锁书店关闭，图书零售业又失去了650家实体书店。①

面临类似情况的音乐行业，无论是独立唱片店还是连锁店，数量都在迅速减少，格雷厄姆·琼斯在《最后的唱片行》(2009)一书中描述了英国的情况。他在这本书的开头列出了过去4年倒闭的500多家独立商店，令人震惊。他认为，独立音乐人虽然还没有失去未来，但前景确实暗淡。环顾那些幸存下来的商店，多数位于城镇而不是市区，远离主要的商业街（可以少付租金），顾客多是常客而不是过路客。这些商店销售的通常是无法一键下载获取的实体产品，包括可供歌迷收藏的黑胶唱片和限量版唱片，或许还赠送代码让歌迷下载音乐。实体商店还需要迎合顾客的不同品味，丰富音乐作品的种类。

Beanos 是英国克罗伊登区的一家二手音乐商店，目前已关闭，店主曾在2009年向全世界发布了一份最终声明：

---

① Julie Bosman. 'The Bookstore's Last Stand'. *New York Times*, 28 January 2012; Yvonne Zipp. 'The novel resurgence of independent bookstores'. *Christian Science Monitor*, 17 March 2013.

第四章 数字化资本

就在 10 年前,我们还是世界领先的二手唱片经销商;后来易趣出现了,亚马逊出现了,再后来"下载"又出现了,最后人们不再需要真正"拥有"音乐了。我们将不再拥有什么有形的东西,比如一张密纹唱片的封面或者印着风趣信息的光盘插页。没有什么需要存档,没有什么可以向朋友炫耀。是的,现在你的生活全部在播放器或手机上,你的音乐、你的照片、你的联系人。就像约翰·温斯顿·列侬说的那样,"想象世界上没有占有"。①

当传统和熟悉的市场结构消失时,一系列的新问题就会出现。曾经的出版商会出版精装本、大开本、平装本、小型的大众市场平装本,现在他们改变产品结构,实现了同一家公司内部的垂直整合,围绕相关价格层次实行固定出版标准,将图书资源分成各大类别,例如通俗科普、文学小说或游记,根据市场分类设计封面。书籍宣传和营销持续到出版之日,鼓励店内展示,通过在相关读者群中引起轰动来带动销售。

如果实体书店正在消失,读者如何发现一本新书、一位作者?如何在购书时做出意料之外的选择?②美国有研究表明,在线冲动购买图书的比例远低于实体书店(11%:26%)。③在线销

---

① Quoted in chapter 8, 'Mr Dunlop and the Blow-up Doll', of Graham Jones, *Last Shop Standing: Whatever happened to record shops*, Omnibus Press, 2010. The ebook consulted had no page numbers. The book is full of wonderful anecdotes, including the woman who brought back her CD single by Kenny the Kangaroo, complaining that it jumped.

② In the UK: 'Bookshops are also a vital cog in the discovery process. They account for 45% of spending on books where the buyer hadn't yet decided what book it is they want to buy.' Jo Henry. 'Discovery Channel'. *Bookseller* blog. http://www.thebookseller.com/blogs/discovery-channel.html, accessed 6 May 2013.

③ Jim Milliot. 'Acting on Impulse'. *Publishers Weekly*, 23 May 2011.

翻页：书的演变

售模式会消失还是会被更安全的模式取代？网上有很多选择，读者如何在这个领域中找到方向呢？他们可以在线浏览畅销书单，但会少了许多意外发现带来的惊喜。网络随机生成的标题也会带来意外的惊喜吗？根据浏览记录和阅读轨迹进行个性化推荐足以让读者满意吗？实体书店通过在醒目位置展示图书获得了销售利润，网络书店也有可能追随其后，通过推荐图书推动销售。问题是，虽然越来越多的图书是在网上购买的，但不一定是在网上发现的。2013 年的一项研究发现，经常购书者在线购买了 61% 的书籍，但只有 7% 的购买者是在网上发现了相关书籍。①

可发现性的问题不仅仅局限于图书。2012 年，苹果手机和平板上大约有 70 万个应用软件，每天还会增加数百个。应用软件的选择推动了手机和平板销售，虽然软件业人才济济，但脱颖而出的软件还是微乎其微。苹果公司重点推出了一些软件，但大多数是用户见不到的，不在网站提供公开搜索。苹果程序开发员正在与来自电影、游戏还有广告等领域的公司展开竞争。2009 年，伊森·尼古拉斯凭借一款苹果游戏发家，但没过几年情况就发生了变化，"我觉得 iShoot 软件很幸运，因为那个时候，一款普通的应用程序仍然有机会获得成功；但是现在竞争很激烈，普通还远远不够"。②

网络可供阅读的书籍浩瀚无穷，让实体书店里成千上万的纸质书显得非常逊色。更多的选择会给消费者带来更好的结果吗？

---

① Laura Hazard Owen. 'Why Online Book Discovery is Broken (and How to Fix it)'. paidContent. http://paidcontent.org/2013/01/17/why-online-book-discovery-is-broken-and-how-to-fix-it/, accessed 19 February 2013.

② David Streitfeld. 'App Writers find Riches are Elusive'. *New York Times International Weekly*, 25 November 2012.

有证据表明,情况并非如此;在小一点的选择范围之内,消费者对自己的决定更加满意。巴里·施瓦茨写过关于选择的悖论,这个悖论认为,大量的选择反而让我们感到不满。"基于对权衡取舍和机会成本的研究,我担心的是,选择多了,我们做决定的理由也需要更多。虽然我们当时会努力寻找理由让决定看上去很正确,但事后却不一定这么认为"。[1]而且,如果选择少一些,我们就会觉得自己对这个决定的责任更少。我们对产品的最终决定会显示自己的品味,选择风险也更高。

商店里或网络上有小提示帮助我们做决定或缩小选择范围,比如畅销书单、主页展示、员工推荐和其他购买者提供的评级信息。有些人会依赖这些信息来简化决策,还有些人可能会走向另一个极端,以显示他们的个性或对主流选择的蔑视。迈克·斯泰斯写道,与在实体店翻找唱片相比,他对下载音乐的简单直接感到不满,这是对音乐的贬值。他拒绝了从跳蚤市场买唱片的机会,因为他知道现在可以在网上找到所有的音乐,他有一种失落感:

> 我们似乎创造了一个社会,让美好的音乐无处可藏。就像跳蚤市场的临时推销员所暗示的那样,宝贵的东西是很难唾手可得的——你必须努力去寻找它们。而临时推销员的作用就是减缓无休无止的商品泛滥,让我们一次只关注一张专辑,创造音乐不只是为了生存所需,而是心中有所渴望。如果你知道轻点鼠标后出来的音乐无非就是表达一些美好的东西、重要的东西或是灾难性的东西,你怎么能与唱片建立情感

---

[1] Barry Schwartz. *The Paradox of Choice: Why more is less*. HarperCollins, 2004, ebook, page 140 of 278.

呢？简单粗暴的选择反而限制你的选择自由。你点击次数越多，反而越觉得自己多做了一次无用功。①

实体书店的阅读体验在网络书店很难感受得到。书籍封面可以吸引潜在的顾客，书页可以随意翻开，新作者可能会邂逅新读者。顾客每翻开一本书，购买书籍的可能性就会增加 5 倍。②我们需要思考如何在数字世界复制这一体验模式，围绕内容搭建新读者和作者之间的沟通平台。出版商在实体书店可以租用展示书架吸引读者，但在网络空间采用不了同样的方式。迈克·谢智肯评论说："目前的情况是，人们用谷歌搜索信息，在博客上阅读文章，分享各种资源而出版商却没有多少控制权。"③样本章节可以下载，封面可以交互，社交媒体为作者或出版商提供了直接接触读者的机会。出版商正在努力开发书籍元数据，指导用户搜索。用户能否在网络书店重获实体书店的阅读体验？对很多人来说，答案是肯定的。他们社区附近可能没有书店，可能希望了解虚构类文学作品，想尝试虚拟体裁的写作，都将会在网上找到综合全面的资源。然而，他们选择的随机性正在消失，而意外的发现才会丰富我们的阅读。Profile Books 出版公司的作者迈克尔·巴斯卡尔谈到了实体店的继续存在对数字产品销售的重要性："只销售数字产品仍然非常困难，如果没有实体店存在，数字产品就得不到媒体同样的关注度。更重要的是，数字产品在人们生活中没有同样的可见

---

① Mike Spies, Spotify and its Discontents. *New Yorker* blog. 查阅于 2012 年 11 月 14 日。
② Angus Phillips. 'How Books are Positioned in the Market: Reading the cover', in Nicole Matthews and Nickianne Moody, *Judging a Book by its Cover: Fans, publishers, designers and the marketing of fiction*. Ashgate, 2007, page 28.
③ Interviewed by the author, 13 March 2013.

性。实体书店已经成了网上零售商的销售代理,人们走进书店,意外发现他们想要的书,然后去网上购买。"[1]

网络连接可以跟踪读者的品味,引导他们购买新书。亚马逊基于顾客购买和浏览数据给读者推荐书籍,也可以统计已购书籍的阅读轨迹,研究顾客阅读偏好,进行图书推荐。但这确实有点老大哥的味道,难道我们的阅读选择和习惯不是隐私吗?另一方面,读者也可以在某些网站上或在脸书上发布正在阅读的内容。查德·波斯特就是通过这样的网站来了解他的朋友们在读什么、推荐什么、打算读什么书,他发现了这种做法的弊端:"最近,我所有的朋友读的书都跟我差不多……这一点大家不一定说出来,但能折射出自己的文学价值观。"[2]

口碑营销

除了在实体书店展示图书,出版商还依靠口碑来宣传和推荐书籍和作者。出版商敏锐地感觉到,不仅能依靠畅销书籍带来口碑销售,还能通过读者与潜在顾客之间的沟通推动销售,朋友、家人和同事的推荐也可以推动销售。"你目前读什么书"是许多人闲聊的话题。如果出版商能够把这种口碑营销的秘密藏在瓶子里埋在土里,他们肯定不愿与别人分享,但不是事事都能掌控的。随着网络阅读和社交媒体的普及,是否还有其他因素对书籍销售产生影响呢?

---

[1] Interviewed by the author, 20 December 2012.
[2] Chad W. Post. *The Three Per Cent Problem: Rants and responses on publishing, translation, and the future of reading*. Open Letter, 2011, chapter X, 'The Age of Screens', ebook, 94% through.

有证据表明，消费者评论是推动销售的强大动力。2011年，超过60%的美国消费者认为，获取产品和服务信息最重要的两个渠道是消费者评级和消费者评论。①一项关于消费者评论是否会对网络图书销售产生影响的研究表明，评论和销售之间存在着正比关系，图书销量与书评次数和平均星级分别正相关。这并不能说明评论增加了整体销售，事实上，评论模式可能对不同书籍的销售量进行了洗牌。然而，作者得出的结论是，由于亚马逊比其他网站拥有更多的评论，很可能带来了更高的市场份额。毫不意外，2013年亚马逊收购了世界上最大的读者和书籍推荐网站好读网。②也有证据表明，相对罕见的一星评价比五星评价有更显著的负面影响。"如果考虑到一星和五星级评论的可信度，这个结果也说得通。毕竟，作者或其他利益相关方可能会通过在网站上发表热情洋溢的评论来'炒作'自己的书"。③

有时，作者也会介入，不仅评论自己的作品，还评论其他相互竞争的作品。伦敦大学伯克贝克学院的教授奥兰多·菲格斯以"历史学家"的笔名在亚马逊上对一些有关俄罗斯历史的图书和其他书籍进行了负面评论。在他的评论中，他说这些书"矫揉造作""无聊得出奇"。与此同时，他称赞自己的书《低语者》"写得很好……留给读者的是敬畏、谦卑和振奋……是送给我们所有人的礼物"。这本书讲述了斯大林时期的生活，在亚马逊网站上有这样的描述："《低语者》重现了俄罗斯人发现自己身处的那种迷宫。在迷宫里，一个无意中走错的弯路可能会毁掉一个家庭，也可能意外

---

① Nielsen. *State of the Media: Consumer usage report*. 2011, page 7.
② http://www.goodreads.com/about/us. accessed 20 May 2013.
③ Judith A. Chevalier And Dina Mayzlin. 'The Effect of Word of Mouth on Sales: Online book reviews'. *Journal of Marketing Research*, XLIII（August 2006），page 349.

地挽救一个家庭。在这样一个社会里,每个人都低声说话:无论是为了保护自己、家人、邻居还是朋友,或是为了告发他们。"面对自己的行为,菲格斯先是否认了一切,然后通过律师发表声明,把矛头指向了他的妻子,最后才承认是他本人写了这些贬损性的评论。① 2012年,"马甲"的存在引发了新的争议。"马甲"是指网络上写评论的人物。从事这些勾当的人除了出版商,还有犯罪题材作家 R. J. 安娜瑞,他本人承认了自己的冒犯行为。进一步调查发现,自出版作家约翰·洛克曾专门从这类网站雇人写了 300 条好评。②

为什么口碑营销对书籍比对洗衣机更重要?很大程度上,白色家电商品化的功能和可靠性水平相似。一项关于产品类型和口碑的研究表明,书籍非常容易受到影响,因为"口碑对消费者很重要,它们的质量在购买前不易评估,这意味着消费者严重依赖口碑推荐"。③而且,你读到喜欢的书,就希望别人也能读它并分享阅读心得,这是口碑的关键驱动力。

口碑营销对读者的影响力取决于读者在交流中的参与程度和交流者的可信度。一名参与者在一项关于网络交流的研究中说:"大多数时候,我懒得去看制造商的描述,而是直接跳到别人的评价上。"④这一点也反映在购书调查中,无论是买书还是寻找新作者,封面介绍没有突出影响力,各种推荐在很大程度上都是鼓励尝

---

① Laura Roberts. 'Award-winning Historian Orlando Figes: I posted anonymous reviews on Amazon'. *Daily Telegraph*, 24 April 2010.
② David Streitfeld. 'The Best Book Reviews Money Can Buy'. *New York Times*, 25 August 2012.
③ Cheng-Hsi Fang, Tom M. Y. Lin, Fangyi Liu, and Yu Hsiang Lin. 'Product Type and Word of Mouth: A dyadic perspective'. *Journal of Research in Interactive Marketing*, 5:2(2011), page 197.
④ Jo Brown, Amanda J. Broderick, and Nick Lee. 'Word of Mouth Communication within Online Communities: Conceptualizing the online social network'. *Journal of Interactive Marketing*, 21:3(2007), Summer, page 15.

试新作者。

对出版商来说,社交媒体提供了口碑传播的渠道,读者可以在专门网站分享阅读的内容以及喜好,先前阅读者在博客或推特上的推荐可能是无价的。① 以法国作家洛朗·比奈的英文小说《HhhH》为例,著名作家布莱特·伊斯顿·埃利斯在推特上称其为杰作,导致销量飙升。② 人们认为博客是一种值得信任的信息形式,领先于广告和电子邮件营销;但是参与公共对话会有风险,消费者期待对话"公开、诚信、真实"。③ 那么,企业能够创造"对话资本"吗?伯特兰·塞斯维特认为,企业可以推动积极口碑的传播,在一个产品选择丰富、生活节奏紧张的时代,这一点非常重要。他认为,当同龄人觉得产品或服务体验很有意义时,他们就会加以评论并亲自去体验。当人们谈论对产品的体验时,他们不仅是在对话,也是在谈论自己。一项对互联网上发布书评的研究发现大众参与积极性非常高,"消费者经常在互联网上对自己感兴趣的、印象深刻或者反映强烈的图书发表评论"。④ 力荐一本书也决定了自己的品位。

我们可以深入思考社交媒体上关于书籍的对话,表 4-1 列出了 2012 年底社交媒体上最受关注的 10 本书。

面向女性受众的对话内容,适合虚构故事读者群体,对话也会偏向这个群体。大约在这个时期上映的电影有《霍比特人》《少年派的奇幻漂流》和《云图》。这 3 部电影在英国上映期间,托尔金和

---

① As mentioned earlier, the website Goodreads was purchased by Amazon in 2013.
② Killian Fox. 'Laurent Binet: Most French writers are lazy'. *Guardian*, 27 April 2012.
③ Ibid, page 16.
④ Yun Kuei Huang, Wen I. Yang. 'Dissemination Motives and Effects of Internet Book Reviews'. *The Electronic Library*, 28: 6(2010), page 813.

表 4-1　2012 年底社交媒体上最受关注的 10 本书

	书　名	作　者	男性读者（%）	女性读者（%）
1	霍比特人	约翰·罗纳德·瑞尔·托尔金	42	58
2	星火燎原	苏珊·柯林斯	23	77
3	少年派的奇幻漂流	扬·马特尔	39	61
4	五十度灰	E. L. 詹姆斯	21	79
5	全力以赴：大卫·裴卓斯将军的教育	宝拉·布洛德威尔	51	49
6	云图	大卫·米切尔	46	54
7	嘲笑鸟	苏珊·柯林斯	29	71
8	消失的爱人	吉莉安·弗琳	41	59
9	勒索犯	约翰·格里森姆	53	47
10	精灵版圣诞传说	卡洛 V·艾伯索尔德，钱达 B·贝尔	14	86

来源：《出版人周刊》多层饼图，2012 年 12 月 3 日。

马特尔的作品都登上了英国亚马逊网站的 10 大畅销书榜单。电影的影响是全球性的，例如《少年派的奇幻漂流》图书原来在中国 3 年只卖出了两万册，但 2012 年电影上映后两个月内就卖出了 15 万册。①

---

① Figures supplied by the book's agent in China, Jackie Huang of Andrew Nurnberg Associates, Beijing, Interviewed by the author, 15 January 2013.

为了影响消费者的选择和打造口碑资本,西斯维特提出加大消费者体验的引擎,具体有以下几种形式。①

广告代言。很明显,无论是封面还是报纸评论,出版商都依赖这些广告。

名人支持。如斯蒂芬·弗莱在推特上的支持是非常有价值的。

编造神话。苹果就是围绕着它的起源神话而建立起来的,"史蒂夫·乔布斯传奇显而易见就是硅谷的创世神话。他在父母的车库白手起家开始创业,缔造了世界上最有价值的公司"。②同样,代理人或出版商也会围绕新作者构建故事,增强读者体验,如某个作家的稿件被人从废弃稿件里拣了出来,否则可能永远不会出版。

预付款额度或者作者的青春故事也可以是切入点。以扎迪·史密斯为例,她 2000 年出版的处女作《白牙》取得了令人惊讶的成就。这本书早在 1997 年就出名了,当时这本未完结的著作和第二本未开笔的小说一起为史密斯获得了 6 位数的预付款。这一稿酬非常可观,因为她当时只有 21 岁,还在剑桥大学攻读英国文学。作品的商业宣传提高了公众关注度,也确保了她的作品一旦完成就会引起文学评论家的注意。③

又或以宣传仪式为例,书店里的活动都是围绕着出版物进行的,读者可以按照书籍里的角色盛装打扮。这成了《哈利·波特》

---

① The full list of engines which generate conversational capital: Rituals, Exclusive Product Offering, Myths, Relevant Sensory Oddity, Icons, Tribalism, Endorsement, and Continuity. Bertrand Cesvet. *Conversational Capital: How to create stuff people love to talk about* (with Tony Babinski and Eric Alper). FT Press, 2009.
② Walter Isaacson. *Steve Jobs*. Hachette Digital, 2011, ebook, page 775 of 906.
③ 见英国文化协会网站。查阅于 2012 年 7 月 25 日。

系列小说每一册的营销标准。

　　电子书的到来让我们重新思考如何影响和创造口碑效应。自助出版可以帮你创造销售神话——《五十度灰》的作者 E. L. 詹姆斯就是一个例子。西斯维特谈到创建一个"专利局",提供专属产品,让消费者拥有专门属于自己的东西。没有两个音乐发烧友的播放器上有相同的歌曲和播放列表,同样,电子书阅读器里存储的图书也是琳琅满目、各具特色(可以与朋友和其他读者分享)。社交媒体网站"品趣志"的用户可以在他们最喜欢的书籍或封面上标注大头针,也可以改变喜好重新选择。西斯维特还谈到了重复脉冲法(RSO)、相关怪癖选择,以及创造出具有独特款式和形状的产品。例如,电子书完全有理由甩掉传统矩形边框,设计成 3D 封面,还可以在书中插入图片、视频和音乐,对大部分书籍销售显然很有效,但对虚构类图书会有干扰。此外,在电子书结尾对作者进行采访也是一种很好的方式。电子阅读器还提供了隐私保护,可以防止别人知道你在读什么。这可能有助于你阅读某些主题,例如垃圾惊悚片而不是最新的文学处女作。但是,如果你想在火车上给对面的乘客留下深刻印象,这也可能是一个缺点。社交媒体可以改良这种效果,可以让每个人都知道你在读什么,你可以把最新的读物陈列在客厅,还可以按下触摸屏,把正在阅读的一段文字发在推特上。

书籍赠送

　　许多人买书作为礼物赠送,随着电子书销量的增长,这部分业务将会发生什么变化?电子书阅读器的到来为读者提供了一个获赠礼物的机会。2011 年圣诞节,英国市场上售出了 100 多万本电

> 翻页：书的演变

子书，从长远来看，这部分市场会如何发展？20 世纪 30 年代图书代金券就问世了，如今的网上商店也会赠送礼券。我们还有必要精心挑选书籍来作为礼物赠送吗？

礼物的价值可以从 4 个方面来解释：经济型、功能型、社会型和表达型。经济型礼物是指将礼物视为某种经济交流的必要部分，是个深谋远虑的礼物，就书籍而言，这样的礼物送出去我们很少指望得到什么回报。功能型礼物如摄影指南，前提是接受者对摄影有一定的兴趣。社会型礼物是根据送礼人和收礼人的社会关系来解释的。社会型功能是指礼物用来"与谁建立亲密关系以及亲密到什么程度"。[①] 表达型礼物是指礼物反映了送礼人的自我身份："自我身份的一部分通过礼物从送礼人传递给接受者。"[②] 比如，你喜欢一本书，而且你很想让你的朋友或家人读这本书。你买了这本书，读完后又给别人读，那就没有什么经济价值了。因为你可能更喜欢让别人来欣赏，而不是把它放在你的书架上，说不定你还会多购买几本送人。

书籍的内容以及你对收礼人的了解都使得书籍作为礼物的价值超越单纯的金钱价值。你投入大量时间和精力不辞劳苦地选择合适的书籍，这往往会得到收礼人的赞赏——精心挑选体现了你的知识厚度，与标准而老套的礼物形成了截然的对比。

送礼的过程可能会让某些性格类型的人感到焦虑，最终的结果还会让一些收礼人感到失望。代币卡或礼品卡可以降低焦虑程度，这种礼物的高度可转移性还可以降低失望的风险，但是这样的选择降低了礼物在一些接受者眼中的价值。从图书市场的角度来

[①] Derek Larsen and John J. Watson. 'A Guide Map to the Terrain of Gift Value'. *Psychology and Marketing*, 18：8(2001)，August，page 893.
[②] Ibid，page 894.

看，一个可高度转移的礼物，比如钱或通用的代币，也可能会转移销售到其他地方。与精心挑选并精心包装的纸质书相比，赠送电子书并不能体现你的用心良苦。

作者亲笔签名的纸质书对购买者有强大的吸引力——是送给狂热书迷的礼物，在电子书上复制签名也很困难。书迷们可以让他们在电子书阅读器保护盖上签名，或是在电子书里插入数码签名，但这比得上作者签名的首发纸质版吗？精心制作的高质量纸质版图书，为生产商和读者带来的益处都是无可比拟的。

书籍借阅

借书可以是朋友或个人之间的互借，也可以从公共图书馆和其他图书馆系统借阅。不同国家的借阅文化不同，例如，欧洲一些国家拥有高度发达的公共图书馆网络，图书使用率和借阅率都很高。

一些国家的图书馆体系面临着严峻的挑战。英国 1997 年到 2006 年期间图书馆借书和租书数量逐年下降，与此同时，大众购买图书数量增加了 25%。有人认为，图书价格低廉，没有必要再使用图书馆服务。面对看似不可避免的衰退，图书馆不得不彻底改造自己，不再仅仅是一个借书的场所。例如，他们扩大了数字化视频光盘和普通光盘的库存量，提供免费的互联网接入，更加积极地支持政府、卫生和教育活动，支持学校开展儿童阅读活动，为更多农村社区提供移动服务。

尽管发生了这些变化，书籍借阅仍然是图书馆服务的核心。卡耐基信托基金会 2012 年的一份报告显示了忠实读者和图书馆

| 翻页：书的演变

使用之间仍然存在着紧密的联系：

> 虽然提供阅读资源只是公共图书馆的服务之一，但我们的研究清楚地表明，人们的阅读状况与是否使用公共图书馆服务以及使用频率有最直接的关系。对全国调查数据的二次分析支持了这一观点，数据显示，人们去图书馆最常见的理由是借书或还书，其他理由则不那么常见。[1]

面对越来越紧缩的活动预算，公共图书馆不得不收集论点为自己辩护。其中一个论点是，他们通过向所有人开放图书馆创造了社会资本，一些地方书店也是这么辩论的。图书馆为社区活动提供空间，向广泛的公众开放。没有公共图书馆，这些公众可能没有机会阅读书籍、报纸，没有机会接触信息技术。公共图书馆是有孩子的家庭重要的去处，给消磨时光的人提供温暖的场所，更重要的是，是一个不强迫消费的免费落脚点。

罗伯特·帕特南提出了社会资本的中心思想，即"社会关系和互惠规范具有价值……一些社会资本形式是很正规的，如设置了主席和会长的会费制家长会、国家组织、工会等，还有些社会资本形式是非正式的，如每周四晚上的酒吧聚会。"[2]

人们一直致力于改变图书馆建筑的外观和感觉，让它们呈现 21 世纪的特征。20 世纪后期，伦敦陶尔哈姆莱茨开业的许多概念商店创造了特具吸引力的现代化环境，为当地居民提供多方

---

[1] Liz Macdonald. *A New Chapter: Public library services in the 21st century*. Carnegie Trust, May 2012, page 30.
[2] Robert Putnam (2001). 'Social capital: Measurement and consequences'. *Canadian Journal of Policy Research*, 2(2001), pages 41-51.

面高质量的图书馆服务。怀特查佩尔的旗舰店是这样的:

> 透明的全玻璃建筑与伦敦东区完全融合。大楼正面的蓝绿色条纹代表着商业空间所在,大楼东边的人行道通向当地超市,图书馆成为当地购物线路的一部分。尽管批评人士抱怨说学习中心退化成了一个"宜家商店",但这种低门槛的建筑带来了很高的游客数量。①

对美国中西部一座城市3家公共图书馆进行研究,发现了社会资本有趣的创造力。图书馆建筑被认为是一个赋予公民自豪感和主人翁感的重要"场所",为无家可归、失业和单身人士提供了一个社交场所,也是无人陪伴儿童的安全场所;既是约会见面的场所,也是提供资源、帮助和建议的场所。特别是图书馆工作人员和读者之间的社会互动建立了信任和持续发展的关系。"读者从个人层面与工作人员打交道也构成了社会资本的一部分,因为双方建立了一种信任感,让读者更容易向员工表达自己的信息需求,更好地利用图书馆资源"。②

2013年,美国宣布第一家数字图书馆在得克萨斯州贝克莎县开放。这是第一个新技术图书馆系统,书架上没有纸质书籍,用户可以携带自己的设备,也可以借阅电子阅读器。③这座图书馆是建在大楼内的,但从长远来看,我们可以想象一个不需要大楼,甚至

---

① Text sourced from http://www.mimoa.eu/projects/United%20Kingdom/London/Idea%20Store, accessed 20 May 2013.
② Catherine A. Johnson. 'How do public libraries create social capital? An analysis of interactions between library staff and patrons'. *Library & Information Science Research*, 34(2012), page 56.
③ Miguel Bustillo. 'Library that Holds No Books'. *Wall Street Journal*, 6 February 2013.

翻页：书的演变

不需要管理员的虚拟图书馆网络，为公众提供政府服务信息和综合资讯。电子书可以通过互联网外借，读者没有必要离开家。但是，就像实体书店的消失会让我们失去一些东西一样，图书馆社交的消失也会带走对社区的诸多益处。

英国图书馆馆长协会的前主席 Janene Cox 说图书馆员对电子借阅持积极的态度："图书管理员认识到，如果要跟上数字时代的发展，让读者对图书触手可及，就应该提供读者需要的服务。电子书可以让人们每周 7 天每天 24 小时远程访问，可以直接下载资源到自己的数字设备上。"[1]

网络电子书的开放借阅对出版业的生态构成了威胁，作者和出版商都反对这种做法。如果读者不离开家就可以免费获得一本书，还有买书的必要吗？有人可能会说，纸质图书外借能让图书采购蓬勃发展，为什么电子书免费外借不可以呢？不同之处在于，你必须去图书馆才能借到纸质书籍，还要确保按时归还，而你可以在任何地方借阅到电子书，没有地点限制。例如，早期的电子书借阅试验发现，中国读者可以借阅英国图书馆的书籍。[2] 那么，电子书是否需要内置一些期限装置，过了期限就算借阅过期？2013 年，英国有人提出电子书应该过期后就作废，这样图书馆就可以购买更多的电子书了。[3] 还有人建议，电子书借阅也可以像纸质书那样因为库存全部借出需要等待，鼓励那些不愿等待的读者付费

---

[1] Interviewed by Matthew Cain for C4 News in the UK; http://blogs.channel4.com/culture/downloaded-ebooks-saviour-libraries/3301, accessed 26 September 2012.

[2] Benedicte Page and Helen Pidd. 'Ebook restrictions leave libraries facing virtual lockout'. *Guardian*, 26 October 2010.

[3] William Sieghart. *An Independent Review of E-Lending in Public Libraries in England*. report for the Department of Culture, Media and Sport, March 2013. https://www.gov.uk/government/publications/an-independent-review-of-e-lending-in-public-libraries-in-england.

购买。

商业模式

传媒界对许多商业模式进行了不断的尝试。图书的价值已经从版权和许可证所有权转移到与消费者的关系上。大型科技公司已经开始控制图书与消费者的关系，出版商有可能被迫成为供应商。他们力量有限，价格和成本正在下降，新的价值模式和市场渠道正在形成。用户生成的内容聚合网站已经开始创造价值，作者可以在自己的网站上自行发布图书，也可以直接与亚马逊等零售商合作。出版商需要根据图书创作和销售制定新的商业模式，依靠与消费者的直接关系创造新的价值。

如果内容的价值在下降，新价值又在哪里呢？这对作者和出版商都是个问题。英国作家协会前主席林赛·戴维斯说："销售20便士的电子书显然不能让作者在很长时间内维持生计。他们得卖出几百万册才能活下去。"①大型科技公司都有自己的销售模式，例如，谷歌从广告中获得收入，脸书从广告和社交游戏中获得收入，亚马逊的收入从书籍拓展到其他许多零售产品。2012年，当Kindle Fire和Paperwhite Kindle阅读器发布时，公司承认这些都是按成本价销售的，目的是为了维护与消费者的长期关系并从中赚钱。以2011年9月为例，美国33%的在线用户访问了亚马逊网站。②

广告可能是出路吗？2011年，约有一半的美国消费者表示，

---

① Interviewed by the author, 19 November 2012.
② Nielsen, op. cit., page 7.

如果内容是免费的,他们不在乎阅读设备上是否出现广告。① 2011年的另一项研究发现,73%的安卓应用程序是免费的,77%的应用程序采用广告作为商业模式。② 在游戏领域,许多免费产品依赖于广告或游戏内置的付费购买道具或升级版本生存。免费增值模式是为了吸引新用户而设计的,他们愿意为额外的内容付费从而在游戏中走得更远。2012年《华尔街日报》报道称:"这一策略在移动领域的发展势头越来越猛,已经成为开发应用程序的标准模式,许多开发商从1%左右购买内置虚拟商品的用户身上赚钱。"在苹果应用商店收入最高的100个移动应用程序中,约有77%采用免费增值模式,而2010年这一比例仅为4%。③

由于各种各样的原因,这些程序在书籍方面的应用似乎是有限的。大多数用户在第一次使用移动设备时会下载一些应用程序,后来也不希望屏幕太过繁杂,希望下载一个阅读器就可以阅读各种各样的电子书。在程序供应方面,除了少数例外,大多数出版商花重金开发阅读软件却发现血本无归,自身多媒体技术开发能力也不过关。虽然游戏和图书之间的界限已经模糊,但是免费增值模式对图书用处不大,很难看出还能创造什么额外价值。应用软件会让读者和作者觉得图书出版商很具有创新精神,一些知名作家——比如烹饪作家,会希望为新书配备应用软件。总的来说,制作软件可以成为公司烧钱的理由,而增强型电子书的制作现在也相对便宜,在设计和操作上与应用程序相似。

---

① Nielsen, op. cit., page 6.
② Ilias Leontiadis, Christos Efstratiou, Marco Picone, and Cecilia Mascolo. 'Don't kill my ads! Balancing Privacy in an Ad-Supported Mobile Application Market'. *Hot Mobile*, 12(2012), 28 – 29 February.
③ Sarah E. Needleman and Angus Loten. 'When Freemium fails'. *Wall Street Journal*, 22 August 2012.

在中国,免费增值模式似乎确实对文学网站或移动平台的图书市场发挥了作用。读者可以免费阅读某些章节,一旦上瘾就必须付费才能读到剩下的章节。值得注意的是,女性看完免费内容后更愿意为剩余内容买单,男人们要么转向另一个故事,要么试图在盗版网站上找到这本书的剩余章节。①当然,西方也有一些网站提供免费章节阅读,但中国模式更发达。

在阅读软件或电子书上插入广告会怎么样呢?父母不愿意为孩子购买内含广告的软件,尽管广告在报纸和杂志上被普遍接受,但在书籍中却很少见。2012年,雅虎申请了一项在电子书中插入广告的专利,打的旗号是"更好地探索针对电子书读者的广告技术"。读者可以选择一个能够接受的广告植入程度,接受程度越高,书的价格就越低。广告可能与书的内容有关,可能是某个页面特定单词、图片或视频的超链接。在一些案例中,广告也可以来源于阅读的语气和情境。例如,如果情境中有年轻的角色,可以插入可口可乐广告,通过一幅可口可乐图片,邀请读者享用一杯清凉可口可乐。②

这为小说中的植入式广告提供了可能性,尽管这似乎遥不可及,但已有作家利用了这种模式。以费伊·韦尔登为例,她的小说《宝格丽的联系》(2001)是意大利(现在是法国)珠宝商赞助的。费伊·威尔登对接受赞助费毫无歉意,她的经纪人觉得这与作者从出版商那里得到预付款没什么不同;另一些人对此却颇有微词,马丁·阿诺德在《纽约时报》上写道:

---

① Fu Chenzhou of China Mobile, interviewed by the author, 11 January 2013. See also Xiang Ren and Lucy Montgomery. 'Chinese Online Literature: Creative consumers and evolving business models'. *Arts Marketing*, 2: 2(2012), pages 118–30.
② Yahoo, United States Patent Application, No. 20120084136, 5 April 2012.

> 翻页：书的演变

　　我把小说的文学价值留给了评论家，但读完这本书后，我觉得威尔登女士与其说是为了商业利益牺牲了艺术创作，不如说是让人尴尬。我数了数，有34次提到宝格丽，还有15次提到珠宝狂想曲，这些都直接指向宝格丽珠宝商。它们在书页上很突兀，就像沙子里的大石头。比如，多丽丝说："一条宝格丽项链在手，其他都无所需求"以及"他们幸福地依偎在一起，所有的激情都消耗殆尽。那天午餐时间，她在宝格丽珠宝店遇见了他。"①

　　读者中很少有广告商的大批量受众，软件为人们量身订做了广告，缩小目标客户，对读者的刺激可能也会减少。2012年的美国总统大选用软件跟踪了选民的个人爱好和关注点，信息记录程序检测选民访问了哪些网站，广告就可以定位高度相关性的目标，"这真的很烦人，选民们感觉不管是在奥巴马网站查看信息还是在布鲁明代尔百货网站浏览高跟鞋，网络轨迹都被跟踪了。从那以后，我们任何时候在网站上看鞋子，有关奥巴马的广告就会闪现"。②

　　实体书店越来越少，书店体验渐渐淡出人们的记忆，冲动购买也会慢慢消失。如果网络阅读或者书籍偏好被跟踪，广告诱导的冲动购买会取而代之吗？亚马逊已经可以根据购买和浏览记录为读者推荐图书，如果某一天网络能根据阅读内容以及喜欢程度（是否读完了这本书以及专注程度）为我们购书提供建议，我们就不会再意外地发现图书。但是，如果我们能决定广告植入标准，就可以

---

① Martin Arnold. 'Making Books; placed products, and their cost'. *New York Times*, 13 September 2001.
② Christina Lamb. 'Is Obama Stalking You?'. *Spectator*, 27 October 2012, page 17.

决定图书推荐的随机性标准。

第一章中提到作者利用他们的粉丝来创作情节,新模式下读者可以参与图书出版。詹姆斯·苏洛维基写过关于群体智慧的文章,许多情况下集思广益可以办好大事。①这一原则是否适用于图书开发的早期阶段?在众筹网站上,作者或出版商为项目融资做宣传,赞助者可以获得不同程度的回报,从一本最终稿到漫画小说中的人物形象设定,应用软件、电子书和印刷品多渠道多方融合开发项目。2012年,网络漫画家瑞安·诺斯筹集了创纪录的50万美元用于将《哈姆雷特》改编成冒险小说。他每赚到5 000美元,就在网上发布一个新的章节,让读者选择冒险之路。"他们选择从奥菲利亚的角度来讲述这个故事,并合作选择了一条通向幸福结局的道路,她嫁给了哈姆雷特"。②

人际关系的价值

作为商业战略的一部分,亚马逊看到了赢取顾客信任的重要性,而不仅仅是向他们销售产品。一旦你有了客户,你就可以向他们出售各种不同的产品,不仅是书籍,还有服务——比如亚马逊黄金会员服务提供免费送货,还提供电子书借阅等其他权益。你可以用自定义网页和特价商品给顾客提供个性化的购物体验。

传统的出版商和书店对顾客细节都没有任何了解。他们曾对

---

① James Surowiecki. *The Wisdom of the Crowds: Why the many are smarter than the few*. Little, Brown, 2004.
② Laura Hudson. 'Record-Breaking Kickstarter Turns Hamlet Into a Choose-Your-Adventure Epic'. *Wired*, 20 December 2012.

整个市场做了一些研究,对销售哪些产品或者不销售哪些产品有自己的直觉,但没有确凿的数据,出版商与顾客之间的价值链转移到了作者和出版商、出版商和书商之间。约翰·汤普森在《文化商人》一书中认为,出版商拥有5种关键资源:

> 经济资本,指出版商可以直接(从他们自己的账户)或间接(从母公司获取资源、从银行或其他机构筹集资金的能力)获得的累积金融资源,包括库存、厂房和资本储备。人力资本,指企业雇佣的员工及其积累的知识、技能和经验。社会资本,指个人或组织随着时间的推移而建立起来的社交和关系网络。知识资本(或知识产权),包括出版商拥有或控制知识内容的权利,这些权利由出版商与作者以及与其他机构签订的大量合同所证实,出版商可以通过出版物和出售附属权利来获利。符号资本,指出版商积累的相关声望和地位。[1]

经济资本和符号资本对决定企业的竞争地位尤为重要。在社会资本领域,约翰·汤普森具体论述了出版商与代理商、供应商和零售商的关系。符号资本除了涉及作者和读者,还涉及书商和评论家等关键中间人。作者可以创建符号资本,使之成为自己的品牌。

细看知识资本领域,无形资产——例如版权、品牌、客户关系,构成了出版公司的大部分价值,累计为知识资本。根据会计准则,这些价值只有在公司收购时才能完全反映在资产负债表上;[2]反

---

[1] John Thompson. *Merchants of Culture: The publishing business in the 21st century*, 2nd edition. Polity Press, 2012, page 6.
[2] Usually the difference in value between a company's assets and its purchase value is classified as goodwill — those elements which contribute to its competitive advantage, including its brand and employees.

之,现有价值虽然列在资产负债表上,但难以评估,因为其中一些可能无法销售。而且,电子书和其他数字产品让知识资本开始失去意义。实质上,出版商通过转移和转换公司持有的知识来创造价值——出版是知识经济的一部分(如图4-1)。

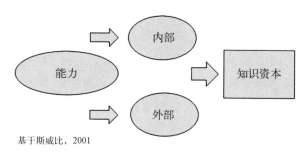

基于斯威比,2001

图4-1 知识型策略

出版商依靠员工能力创造内部价值,鼓励员工勇于实践、大胆创新;与作者合作,创造版权、许可证和商标等外部价值;与客户合作,创造出版商品牌或作者品牌。[①] 多数出版商与大客户合作——连锁书店、超市等,而不直接与消费者合作。大品牌也有例外,如"傻瓜系列书合集"。数字世界威胁到了社会关系存在的价值,如出版商与书店的关系,出版商觉得与终端消费者失去了联系。在电子书市场,虽然他们可以与中间商合作,但主要是亚马逊这样的零售商直接掌握着与消费者的关系。亚马逊也在与作者建立联系,进一步威胁出版商创造的价值。那些努力开发作者品牌、创造重印记录的出版商可能会发现,这些品牌为了更好的发展前

---

① The knowledge-based strategy was first presented here: Angus Phillips, 'The importance of intellectual capital in book publishing', Fifth International Conference on Information Law and Ethics, Ionian Academy, Corfu, Greece, 29 June 2012. This is based on the approach taken by Karl-Erik Sveiby in his article 'A Knowledge-Based Theory of the Firm to Guide in Strategy Formulation', *Journal of Intellectual Capital*, 2: 4(2001), pages 344 – 358.

景而转向自助出版或者与亚马逊直接合作。大牌作家可以直接与读者建立联系,甚至质疑出版商为读者提供服务的水平。在一个价值四处分散的世界里,保护版权制度不再是关键问题,我们必须与客户直接建立联系,用数字技术创造数字资本。

亚马逊一直擅长与顾客共同合作创造价值,顾客在公司创造价值和参与竞争的过程中起着积极的作用,他们的集体智慧正在为公司业务带来财富。① 顾客对书籍进行语言评价和星级评定,网站根据顾客浏览购买记录,为其推荐感兴趣的好书,进而提高服务质量。亚马逊也让作者参与公司发展,作者可以自行发表作品并获得实时销售数据。相比之下,出版商可能一年只发布两次销售综合报告。

网络模型和数字资本

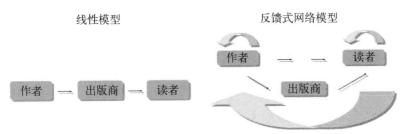

图 4-2 传统线性出版模式与反馈式网络模型

如今,传统线性出版模式已经过时(如图4-2),作者互相交流,读者组建共同体,作者可以直接与读者交流,得到作品的反馈。除了在社交场合或阅读共同体面对面的互动,社交媒体工具带来

---

① C. K. Prahalad and Venkatram Ramaswamy. 'Co-Opting Customer Competence'. *Harvard Business Review* (2000), January, pages 79-87.

了低成本的互动和新型的对话模式。出版商面临的选择是,要么在网络模型中加入共同体,要么被忽视。① 他们需要以版权、作者、共同价值为核心,借助数字技术手段,创造新资本——数字资本,包括参与对话或与共同体的消费者建立联系(如图4-3)。② 出版公司必须解决这些关键问题:网络世界哪些品牌最有效?他们能围绕这些内容建立一个共同体,而不被排除在对话之外吗?用什么方法让作者和读者参与产品开发?是不是可以让读者推荐新的书名和作者,对开发项目提供反馈意见?③

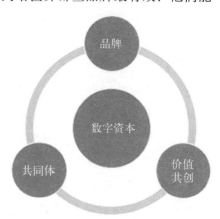

图4-3 数字资本

数字世界的关注点已经从产品转移到服务,正在转向与终端消费者建立关系。那些处于中间位置的企业面临着脱媒的风险,即被排除在价值链之外,除非他们能够开发数字资本,创建自己的品牌,很好地与消费者合作。新秩序下,图书还需要出版商或者代理商吗?实体书店

---

① The network model was first presented here: Angus Phillips, 'Epublishers: From theory to practice', III Foro Internacional de Edicion Universitaria, Feria Internacional del Libro, Guadalajara, Mexico, December 2008.

② The term digital capital was used by Don Tapscott, David Ticoll, and Alex Lowy, for their book on building wealth through business webs or b-webs: *Digital Capital: Harnessing the Power of Business Webs*, Harvard Business School Press, 2000.

③ As an example of co-creation offline, the UK publisher And Other Stories has as one of its commandments that 'Names of authors or books generating excitement in reading groups (not necessarily unanimous) should be suggested to the core team for inclusion in the next acquisitions meeting.' See http://www.andotherstories.org/about/11-commandments/, accessed 6 May 2013.

> 翻页：书的演变

曾为他们展示可见性提供了渠道，但是在网络找不到立足之地，他们的好日子就屈指可数了，他们必须为一个没有实体书店的世界做好准备。正如迈克·沙特金所说："图书出版商的核心竞争力——他们整个业务都是围绕着这个核心竞争力——就是'我们把书放到书架上'……如果没有商店橱窗，那么出版商的作用到底是什么呢？这是一个真正的存在主义问题。"[①]即使消费者不把图书的可发现性当作问题（事实上他们可以用其他策略寻找读物），出版商为图书投入了时间和金钱却看不到销售情况也是很头疼的问题。功成名就的作者拥有品牌，与读者建立了良好关系，拥有可观的数字资本——网站、博客和社交媒体上都有读者关注他们。这样他们就处于有利地位，可以与出版商协商更有利的合作条款和新的合作方式，也可以直接与读者交流。对于一个新作者来说，情况可能会有所不同，他们仍然需要依靠编辑和经销商去寻找读者，除非他们很疯狂地自我推销。对于纪实作家来说，在网上建立信誉似乎更加困难。

在爱情主题方面，全球领先的言情小说出版商禾林-米尔斯·布恩公司已经解决了如何与消费者直接建立联系的问题。他们定期发行新书，直接从自己的数字平台上以平装书的价格出售电子书。电子书很适合爱情故事，为消费率高的读者及时提供更新，立刻就可以读下一个故事，可以隐藏阅读习惯和购买信息，"他们不必再隐瞒最新书籍的封面（《苏丹的选择》或《临时工和大亨》）。相反，他们可以在电子阅读器的匿名保护下，毫无顾虑地追随女主人公的浪漫冒险"。[②] 该公司 2010 年对读者进行的调查显示，44％的

---

① Interviewed by the author，13 March 2013.
② Alison Flood. 'Romantic Fiction's Passion for Ebooks'. *Guardian*，10 October 2011.

读者直接从禾林官网购买电子书。①

迈克·谢智肯提出了垂直搜索的概念。出版商应该从广泛的主题转向关注小众市场。他们可以与客户建立直接的联系,寻找客户想要阅读的内容。这个读者共同体可以建议新主题,对正在撰写的作品提出反馈,然后让读者高度参与。"从本质上讲,这个概念就是出版商必须直接与读者对话。没有一贯坚持的主题,就无法与读者展开对话。这意味着你必须选择读者群,不能事事兼顾,要以受众为中心,而不是以产品为中心"。②同一家公司的许多垂直领域可以共享一个基础架构,出版商不仅能抓住大的发展机遇,也能触及更细化、更小众的市场。

一些出版商已经开始转型与读者建立直接联系,电子书使他们直接实现轻松销售,他们也可以为品牌作者提供服务,帮助处理与读者的关系。在一个发展更快、联系更紧密的世界里,这些转变更加意义重大,因为在现实世界里积累起来的符号资本可能一文不值。下一章将会讨论,新环境创造新机遇,数字化发展将遍及世界各地。

---

① Association of Learned and Professional Society Publishers. *E-Book Strategies The essential ALPSP guide on how to develop your e-book offer*. 2011, page 83.
② Interviewed by the author, 13 March 2013. He cites Osprey in the UK and F+W Media in the USA as two key examples of this approach.

第五章
全 球 图 书

图书出版商正在进行重新的定位以适应图书市场的全球化。他们对出版社的内部结构进行重新审视，希望获得畅销书的全球发行权。斯蒂芬妮·梅尔和史迪格·拉森等作家的成功已经很好地说明图书如何在各种市场上大卖，图书的特许权也可以拓展到其他媒介领域。电子书的发展是否会推动畅销书渗透到其他领域？面对来自全球范围的竞争，在小众市场又会发生什么呢？

对于图书而言，有两个关键因素推动了它的全球化：数字化和全球范围内英语阅读的增长。畅销书作者有机会看到自己著作其他译本的收入，以及原版出口的收入。随着电子书在全球范围的普及，原著版本可以直接到达消费者手中。如果说印刷机使畅销书成为可能，一本书可以到达不同的读者，那么电子书则有过之而无不及，因为它可以即刻满足世界各地人们对图书的需求。

迈向全球文化？

全球化是 20 世纪末 21 世纪初的一个流行趋势。走在伊斯坦布尔或者上海的街头,你可以随处可见麦当劳和星巴克。时尚和奢侈品牌有着全球性的影响力和吸引力,在造成品位同质化的同时,也抑制了地区和文化的多样性。像《暮光之城》和《007》系列电影在制作时已经将全球观众的喜好考虑在内,这会使影片有更好的票房,并且有机会增加植入式广告的收入。互联网提供的内容、游戏、模因、照片和视频可以到达世界的任何一个角落。

关于全球化有一种二元论调,即一方面承认地方文化和少数族群表达自我认同的需求,另一方面认同全球品牌的同质化。全球化使这个世界变得越来越小、联系越来越紧密,并且在更大规模上发挥社会、经济和技术的影响力。与此同时,它削弱国家和政府的权力,鼓励振兴地区和地方特色。在一定程度上,苏格兰和加泰罗尼亚的地方主义是对全球化趋势的回应。1990年人类学家乔纳森·弗里德曼曾经写道:"种族、文化分裂和现代同质化不是对今日世界上正在发生的事情的两种观点或两种正相对立的看法,而是构成全球现实的两个基本趋向。"[1]

同时,消费品公司看到了在全球新市场拓展业务的潜力,他们也意识到迎合地方品位和开发新市场的重要性。21世纪,全球化不一定是西方化。电影《环形使者》拍摄于2012年,这部影片的导演莱恩·约翰逊说过,他很愿意将电影的拍摄地点从巴黎转换到上海,因为这样可以获得更多的中国投资并且提高中国市场的票房收入。这反映出这样一个事实:现在中国是好莱坞电影最大的国外市场。[2]

---

[1] Jonathan Friedman. 'Being in the World: Globalization and Localization', in Mike Featherstone (ed.), *Global Culture: Nationalism, Globalization and Modernity*. Sage, 1990, page 311.
[2] Helen Pidd. 'Sci-fi Blockbuster Looper achieves Chinese Box Office First'. *Guardian*, 1 October 2012.

| 翻页：书的演变

　　世界的全球化会产生一种全球化现象，有时候这种现象是惊人的。2012年，由韩国歌手鸟叔演唱的《江南 style》风靡一时，成为当年的流行金曲。这首歌曲不仅音乐特别有名，它的流行视频也掀起了一股新的舞蹈狂潮，成为YouTube有史以来最受欢迎的链接。在仅仅两个月时间里，这段视频被观看2亿次，到2012年末，播放量更是达到了惊人的10亿次。①

　　在前面几个章节我们已经"看到"传媒产业数字化的影响：面向全球观众。2012年，有一款应用程序在苹果商店被下载了250亿次，这款应用程序就是面向中国青岛消费者的《鳄鱼小顽皮爱洗澡》。这是一款基于物理原理的迪士尼解密游戏，简单、有趣又不失挑战性，讲述的是游戏主角鳄鱼小顽皮突破重重障碍试图洗澡的故事。②游戏于2011年发布，在当年的游戏排行榜中位列第一，下载量超过1亿次。

　　就像游戏面对的玩家是全球性的一样，一些报纸电子版的阅读者也是来自全世界的任何一个角落，其中最著名的当属《纽约时报》和英国的《每日邮报》。德国《明镜周刊》的英文版也已开拓了国际市场。随着数字版的出现，一些报纸发现他们的读者中有一半是来自国外的。因为世界人口的3/4已经拥有手机，现在人们为世界市场提供内容的机会比以往任何时候都要多。③ 大约1/4的手机可以上网。发展中国家走的是不同于发达国家的"移动优先"路线，人们通常是先有手机，然后才有电脑。这些国家在使用

---

① 'PSY's 'Gangnam Style' video breaks YouTube's 'most liked' record'. *NME*, 21 September 2012.
② http：//disney. go. com/wheresmywater/, accessed 28 September 2012. The year 2012 also saw the 25 billionth Android app sold.
③ The World Bank estimated in 2012 that there were 6 billion subscriptions in use worldwide. World Bank, *2012 Information and Communications for Development: Maximizing Mobile*. http：//www.worldbank.org/ict/IC4D2012.

手机微支付方面已经走在了前列。所有市场上的低价平板电脑都被前所未有地接入网络以及包括电子书在内的一系列内容。在阿拉伯等一些国家,实体书的分销网络不太健全,而电子书则可以到达市场的任何一个角落。拥有近2亿人口的巴西,实体书店还不到1 000个。巴西记者兼出版商卡洛·卡朗诺说:"数字化在知识分配和获取方面为巴西人民带来了重大变革。"①对于当下数字化发展异常迅猛的教育领域来说,这种影响只会更加强大。例如土耳其的"法提赫工程"旨在为所有师生提供平板电脑,在过去的4年间已经发放电脑1 600万台。②

电视市场已经实现了真正的全球化,我们已经习惯了美国影视剧在世界范围内的统治地位,不论是译制片还是带字幕的形式。近年来,品牌性的程式化电视节目的数量有所增加,它们被出口到一些国家。例如,起源于一个国家的真人秀或才艺秀被出口到世界各地,其中的典型案例就是1999年起源于荷兰的《老大哥》真人秀节目:到21世纪头10年的中期,由恩德莫电视制作公司推出的这款真人秀节目已经将版权卖给30个国家。与此类似,电视节目《流行偶像》最初于2001年在英国播出,到2008年它的版权已经卖出40多份,涵盖50多个不同的地区。这个节目的美国版《美国偶像》转手又卖到180多个国家,这充分说明不论是程式化的还是本地的电视节目都能流行起来。③ 为什么程式化的电视节目多年来发展一直很缓慢,近期却获得了巨大成功呢?琼·卡拉比认为这是多种因素共同作用的结果,包括全球范围内家庭电视拥有

---

① Interviewed by the author, 20 March 2013.
② http://fatihproject.com/, accessed 28 September 2012.
③ Jean Chalaby. 'The Making of an Entertainment Revolution: How the TV format trade became a global industry'. *European Journal of Communication*, 26: 4(2011).

量的增长以及人们对本地内容需求的增加。此类电视节目成本低廉,程式化的节目还能根据本地人的需求进行改编,因此比较容易获得成功。同时独立制片的增加也是其中一个重要因素,特别是在欧洲,他们鼓励变革和创新。有一点值得注意的是,在英国,当制片人将节目卖给电视台的时候,他们拥有一系列的权利,这也使得他们得以开发国际市场。①

关于美国流行文化影响的研究表明,相对于抵抗美国流行文化的群体来说,它对那些易于接受它的群体的影响力正在逐渐增强。2007年至2012年间,全世界范围内对美国音乐、电影和电视节目的热情持续高涨,特别是在欧洲,有多达90%的18岁到29岁的年轻人热衷于美国文化(在很多国家这个比例都很高,德国是94%,意大利是88%,波兰是79%)。在其他地区这个比例相对来说会低一些:中国是56%,印度是24%,巴基斯坦是10%。鉴于美国不受欢迎的政治和军事行为,巴基斯坦人不喜欢美国文化是可以理解的。相反,当美国人被问到他们是否喜欢其他国家的音乐、电影和电视节目时,53%的人回答说喜欢,39%的人说不喜欢。②

面对文化帝国主义的侵袭,地方文化是否会消弭?围绕这一问题一直存在着争论,约翰·汤林森对西方媒介扩张的影响有两点思考。首先,媒介的影响应该被看作是资本主义对人们日常生活整体影响的一部分,他把这种影响称作"资本主义现代性的冲击",这包括日常生活、工业化以及生活的不同范畴(工作和私人生

---

① Jean Chalaby. 'The Making of an Entertainment Revolution: How the TV format trade became a global industry'. *European Journal of Communication*, 26: 4(2011), pages 304 – 305.
② Pew Research Center, Global Attitudes Project, *Global Opinion of Obama Slips, International Policies Faulted*, 13 June 2012.

活)。随着人们生活的改变,他们在建构现实的过程中越来越多地利用媒介意象。他还指出,关于电视收视率的实证研究表明观众变得越来越活跃,越来越具有批评性、反思性,越来越抵制被媒介所操控,很多理论家也意识到这一点。[①]

对于图书市场而言,不论是原版书还是为适应本地需要做了改编的书籍(包括对文本和插图的直接翻译和改编)都可以向全球市场发行。当然,这取决于特定的书籍及其适用性,许多书籍只会对某个地区有吸引力,如果想要在全世界都获得成功,就要像史蒂夫·乔布斯和沃尔特·艾萨克森一样有不断上升的潜力。将纸质书籍从一个市场运往另一个市场可能需要几周的时间,而电子书为消费者提供了即时阅读的便利。在一些市场上,不同版本之间存在着竞争,人们的阅读习惯和惯例有利于特定的原产国和出版商。数字出版会带来更激烈的竞争,同时导致某些出版物的价格下降。全球文化的发展,特别是新兴市场的发展为拥有成为畅销书潜力的书籍融入其他媒体提供了机会。纳西姆·尼古拉斯·塔勒布认为电影和其他文化产品的成功取决于传播。"我们很难接受这样的事实:人们不会仅仅为了自己而爱上艺术产品,而是为了感觉到他们属于某个社区。通过模仿,我们更接近他人——也就是他们的模仿者"。[②] 新的设备和平台促进了媒介融合,这有助于书籍与其他媒介的融合,"饥饿游戏"系列电影的成功就是一个很好的例子。正如行业分析师吕迪格·魏申巴特所说:"突然间,书籍就融入流行文化和流行青年文化,融入流行音乐和某

[①] John Tomlinson. *Cultural Imperialism: A critical introduction*. Continuum, 1991, pages 49 and 64.
[②] Nassim Nicholas Taleb. *The Black Swan: The impact of the highly improbable*. Penguin, 2007, loc 1010 of 8278 in ebook.

些类型电影等其他媒体。"①电子书的增长给人们带来了获得更多回报的可能和直接打入市场的机会,特别是为英语书籍提供了机会。

通用语

大卫·克里斯托将说英语的人分为 3 类:把英语作为母语的人、把英语作为第二语言的人以及把英语作为外语的人。印度、新加坡和马拉维都是多语言共存的国家,英语在这些国家发挥着重要作用。21 世纪初期,包括把英语作为外语的学习者在内,全世界大约有 1/4 的人说英语。1950 年,认为英语是世界语言貌似说得过去;50 年后,这一点就变得毋庸置疑了。② 从 21 世纪开始,世界人口又增加了 10 亿,在中国学习英语的人数大概增加了 3 亿(占其人口总数的 1/4)。

现在,世界各地出现了很多零散的"方言英语",它们对语言本身产生了哪些影响,这成为众多讨论的焦点。同时,有一种更标准化和简单化的英语形式,即全球通用语言——英语作为通用语。这是全球商业交流的主导语言,对于从事国际业务的人而言,语言知识是一项基本技能。同时,英语也是网络上的通用语言,据估计互联网上大概有 80% 的主页是英文的。③

以欧洲图书市场为例,英文图书市场运营良好。米哈·科瓦奇相信英文图书在那些小国家的渗透率会更高,因为这些国家的

---

① Interviewed by the author,20 December 2012.
② David Crystal. *English as a Global Language*,2nd edition. Cambridge University Press,2003,page 71.
③ Robert McCrum. 'So, what's this Globish revolution?' *Observer*,3 December 2006.

图书翻译工作进展很慢,而国民却有很好的英语基础。据他估计,英文图书在丹麦和挪威这些国家的销售额占总销售额的5%至10%,在斯诺文尼亚甚至可高达15%。斯诺文尼亚语的版本一经发售,畅销书《五十度灰》的销售额下降了80%。① 意大利小说家蒂姆·帕克斯这样评论英文书籍阅读和译本阅读:"令人惊讶的是,英语知识的增长有利于促进用英文写作而不是用本地语言翻译过来的文学作品销量的增长。当你学习一门语言的时候,你不仅仅选择了一种交流方式,你还融入了一种文化,你会对它产生兴趣。"② 在对荷兰读者的研究中他发现了一个惊人的现象,即人们宁愿选择英文译本的小说而不是荷兰语的小说。一些受访者认为英文译本更好,另一些人认为他们更喜欢读那些旅行时可以和其他人谈论的书籍。"除了荷兰人,没有人知道荷兰小说。知道当下的流行书籍,知道弗兰岑、拉什迪,知道每个人都在谈论什么很重要"。跨国界、跨媒介的流行文化普及的同时,那些能够吸引国际读者的文学作家也在不断崛起。随着英语成为世界通用语言,现在不管书籍的质量如何,英语译本已经形成一定的优势,并形成了自己的发展势头。这对作家身份也有一定的影响,因为一些作者要面向全球读者来写作,这就导致他们在写作内容和写作风格上要做出相应的改变。帕克斯认为这种发展可能是有意识的,也可能是无意识的。出版商杨芳洲说:"在中国,翻译小说的典型读者很可能是年龄介于18岁至40岁之间的女白领,特别是新兴的中产阶级,她们渴望西方的生活方式(即喝咖啡、偶尔去度假等),家

---

① Interviewed by the author,23 January 2013.
② Tim Parks. 'Most Favoured Nations'. *New York Review of Books* blog. 查阅于2012年9月28日。

翻页：书的演变

庭富裕，能够买得起质量好的书籍。"①

立陶宛作家米尔达·丹提这样评价英语作家在世界青少年小说领域的统治地位："尽管从理论上来说丹麦、立陶宛、捷克或保加利亚作家可以写出下一部青少年畅销书，但实际上却不太可能，因为英语出版商对翻译文本非常谨慎，要想使一本书在全球获得成功就得进行规模宏大的宣传活动，只有非常大型的出版商才有这样的财力。"②按照这种观点，相对于大多数情况来说，斯蒂格·拉尔森的犯罪小说能够取得成功完全是一个特例。

在世界其他地方我们也可以看到面向全球读者的写作的发展。用英语写文学小说的印度作家特别引人注意，其中包括萨尔曼·拉什迪、阿米塔夫·高希、维克拉姆·赛斯、阿兰达蒂·洛伊、罗辛顿·米斯瑞和安妮塔·德萨伊。德萨伊回忆道，她的第一本书是由伦敦一家独立出版社出版的，因为印度出版商对出版本地作家的书籍不感兴趣。"那些年，人们对用英语写作有一种反感，甚至是敌对情绪，认为这种殖民语言在被殖民国家独立后应该被禁止。我尽量不去理会这种观点，即我们是用英语写作的最后一代人，而英语阅读也已处于'暮年'。然而，突然之间情况发生了戏剧性的变化，1981 年，一本名为《午夜之子》的小说如晴天霹雳般问世，在那之前，此书的作者一直被派往印度进行一项不为人知的活动——巡回售书。"③

---

① Fangzhou Yang, Editor at Dook Publishing, interviewed by the author, 8 February 2013.
② Milda Danyté. 'Translation and Other Transcultural Acts: Resistance to Language Imperialism in the Age of English', page 5, in *Otherness: Essays and Studies 3.1*, edited by Anne Holden Rønning, Centre for Studies in Otherness.
③ Anita Desai. 'Author author: Aspiring writers from India'. *Guardian*, 19 September 2009.

萨尔曼·拉什迪在国际上取得的成功改变了人们对印度作家进行英语写作的看法,20世纪90年代末,伦敦文学经纪人大卫·戈德温做出了一个惊人的举动:飞往印度与阿兰达蒂签约,因为她的小说《微物之神》于1997年获得布克文学奖。现在以印度人为主题的文学作品很可能是用印度英语写作的,并且这已经扩展到蓬勃发展的英语大众文学市场,按照苏曼·古吉塔的说法,"作者可以通过英语写作来体现他们的印度身份而不是地区身份"。①

我们再以韩国为例,为了确保本国作家的作品被翻译之后销往西方国家市场,他们付出了巨大的努力。韩国文学翻译院和大山基金会已经为翻译提供了财政支持,这两个组织都致力于推动韩国文学在国际市场的发展。他们的努力业已取得了一些突破,2009年作家申京淑的小说《请照顾我的妈妈》获得了巨大成功,这本书销往35个国家,获得"英仕曼亚洲文学奖",同时激发了韩国人用韩语写作的热情。小说讲述了一位从农村老家来首尔看望儿女的老母亲在首尔的地铁站走失的故事。申京淑的经纪人是芭芭拉·简·杰特瓦,在韩国她为很多作家做代理,她说:"申京淑的书为其他人铺平了道路,并打开了一扇大门。"②

韩国出版商安申在负责英语版本的发行,他对韩国文学翻译存在的问题进行了反思,指出了一些重要的问题,其中包括存在巨大差异的语言系统和韩国文化中固有的文化和历史传统。

---

① Suman Gupta. 'Indian "Commercial" Fiction in English, the Publishing Industry, and Youth Culture'. *Economic and Political Weekly*, 46:5(2012), page 51. See also Vinutha Mallya, 'Dotting the "i" of Indian Publishing'. *Logos*, 22:1(2011).
② Interviewed by the author, 5 March 2013.

| 翻页：书的演变

一些人认为文学作品令人心情压抑,他承认韩国的很多短篇故事和小说读起来令人痛心。韩国的历史事件对于国人来说已经很熟悉了,一串数字或一个人名就可以唤起他们的记忆：比如1026指的是1979年10月26日朴正熙总统被其情报负责人所暗杀。

"译者所面临的问题可能是无法解决的。因为韩国读者会产生强烈的情感联想——只要一提到相关的事情,他们就会产生强烈的情感联想,韩国作家觉得没有必要对背景进行介绍,甚至也没有必要把他们所指的事情写的很清楚；但对于韩国以外的人来说,甚至脚注所提供的信息也无法唤起他们相同的情感联想。"[1]

芭芭拉·简·杰特瓦为韩国小说的风格辩护称："我认为当今的读者更喜欢看有实质性内容的东西,韩国作家所写的很多是与这个世界密切相关的问题——写作从来都不能只看其表面——与西方流行的吸血鬼和性爱相比,这更让人耳目一新。"[2] 我们可以将之与第三代韩裔美国人做以比较。作家李唐是第三代韩裔美国人,他的小说和短篇小说销量都不错,也获得了评论界的好评。他担心自己会被归类为是写亚裔美国文学的作家：

> 最后,我根本无法阻止人们把我的书划归为少数民族文学,也无法阻止人们在评论中提到艺伎、福饼和韩国泡菜。最后,我差不多惹恼了每一个人——或者因为他们太亚洲化,或

---

[1] An Sonjae. 'Literary Translation from Korean into English: A Study in Criteria'. *Literature and Translation*, 11: 1(2002), page 78.
[2] Interviewed by the author, 5 March 2013.

者因为他们太不亚洲化。①

凯西·布里恩扎曾经对日本漫画进入美国的情况进行研究，她对她所称之为"全球化的悲剧"表示失望。当日本漫画融入美国主流文化、开始吸引大型出版商的注意力时，它就已经开始脱离日本语境和日本文化；它转而代表了一种以一定尺寸印刷发行、供女孩和妇女阅读的漫画，最后它成了书的一种类别，像烹饪、科幻和传记一样。尽管书的内容保留了一些日本风格，但它最终没能使美国人更日本化。②

同质化与翻译

有证据表明人们读书的品位变得同质化吗？米哈·科瓦奇和吕迪格·魏申巴特对欧洲畅销书单的研究表明，其实人们的读书品位是多样化的。③ 总体来说，大多数畅销书或者是由本地语言写作的，或者是由英语、法语、德语和西班牙语这些大语种翻译过来的（瑞典语是一个例外）。在他们的研究中，他们提出了对作者的影响因素，研究显示在2008—2009年间，西欧影响力最高的40位作者中有19位是用英语写作的，另外21位作者用其他语言写

---

① Don Lee. 'Uncle Tong: Or, how I learned to speak for all Asian Americans', page 35 in Young-Key Kim-Renaud, R. Richard Grinker, and Kirk W. Larsen, *Korean American Literature*. Sigur Center Asia Papers, 2004. http://www.gwu.edu/~ sigur/assets/docs/scap/SCAP20 - KoreanWriters. pdf, accessed 20 May 2013.
② Casey Brienza. 'Books, Not Comics: Publishing fields, globalization, and Japanese manga in the United States'. *Publishing Research Quarterly*, 25: 2(2009), page 115.
③ Miha Kovač and Rüdiger Wischenbart. 'A Myth Busted: Bestselling fiction in Europe and Slovenia'. *Primerjalna književnost*, Ljubljana, 33: 2(2010).

作。对东欧图书市场的研究指出影响力最高的 40 位作者中，有 13 位是用英语写作，10 位用其他语言，17 位用本地语言。一个令人惊讶的发现是，没有一本最初用东欧语言写成的书能登上西欧畅销书的排行榜；此外，东欧国家的畅销书也没有销往西欧的其他市场。这确实表明图书发行是一条有利于大语种的"单行道"。2006 年一项对 15 000 个塞尔维亚语译本的研究也证实了这一点，这项研究表明 74% 的译本翻译自英语，8% 译自法语，6% 译自德语，波兰语、斯洛文尼亚语和保加利亚语只占了很小一部分。① 在荷兰，3/4 的译本译自英语，只有 10% 翻译自英语以外的法语和德语。②

通过更深入研究数据，我们会发现人们的读书品位是多样化的。例如，在荷兰，与 20 世纪 80 年代相比，尽管其他语言译本的比例保持稳定，但语种的数量越来越多。③ 如果把目光转到法国，我们会发现，尽管畅销书领域的多样性比较低，但是文学小说领域则呈现另一番景象。例如，在畅销书系列中（犯罪、惊悚和科幻），3/4 的译本来源于英语，1/4 译自法语。与之形成鲜明对比的是文学小说系列，一项对小说的研究表明只有 1/4 到 1/3 的作品译自英语，而其他作品翻译自 36 种语言。④ 吉赛尔·萨皮罗写道："如果从翻译的语言和地理起源角度来看，同质化与多样化的对立

---

① Unpublished study by Sasa Drakulic, cited in Rüdiger Wischenbart, 'Knowledge and its Price'. *Publishing Research Quarterly*, 22: 4(2007), Winter.
② Johan Heilbron. 'Structure and Dynamics of the World System of Translation', paper at the International Symposium on Translation and Cultural Mediation, UNESCO, 22 - 23 February 2010. http: //www. unesco. org/fileadmin/MULTIMEDIA/HQ/CLT/languages/pdf/Heilbron. pdf, accessed 26 February 2012.
③ Heilbron, op. cit.
④ Gisèle Sapiro. 'Globalization and cultural diversity in the book market: The case of literary translations in the US and in France'. *Poetics* 38(2010), page 430.

同商业化和高端化之间的对立是一致的。"①

在巴西的图书市场,小说作品和非小说作品形成了鲜明对比。本土作家垄断着非小说领域,近几年出现了很多成功的叙事性作品,比如关于巴西历史的作品。对2年(2011—2012年)的图书销售数据进行分析发现,位于排行榜前20名的非小说作品中,有16部是由本土作家写作的,同时这些书的销量占总销量的81%;然而,小说领域的畅销书排行榜则被英语译本的大众文学所垄断。在排名前20的小说中,有18部是翻译的,只有2部是巴西本土作家的作品,这两位作家分别是法比奥·德·梅洛和乔·苏亚雷斯;在18部译本中,只有1部(安伯托·艾柯的作品)不是从英语翻译过来的。在销量前20的小说中,88%译自英语。②

英语在许多市场上的主导地位是显而易见的,特别是大众文学,如果作者能够面向国际读者来写作必定能获得巨大成功。"翻译鸿沟"是有据可查的,联合国教科文组织的翻译索引显示译自英语和译成英语的作品数量存在明显的失衡。表5-1列出了10大被翻译的语言,这里的数据始于1979年。表5-2显示了同一时期的翻译目标语言。相比之下,译自英语的作品数量大概是译成英语的作品数量的8倍。通过比较可以看出,译自和译成法语、德语和俄语的作品在总量上相差不多。其中,英国作家阿加莎·克里斯丁的作品被翻译得最多,在数量上遥遥领先。

约翰·海尔布伦主张用核心-边缘的观点看待翻译语言(如图5-1),这其中英语占据了超过了50%的份额,然后就是法语和

---

① Gisèle Sapiro. 'Globalization and cultural diversity in the book market: The case of literary translations in the US and in France'. *Poetics* 38(2010), page 433.
② Data on bestsellers was supplied to the author by Carlo Carrenho of Publish News, which compiles regular charts available at http://www.publishnews.com.br/

| 翻页：书的演变

表 5-1 十大被翻译语言作品

排　序	1	2	3	4	5	6	7	8	9	10
原始语言	英语	法语	德语	俄语	意大利语	西班牙语	瑞典语	日语	丹麦语	拉丁语
翻译数量	1 226 389	217 841	201 193	101 771	66 697	52 872	39 149	27 014	20 892	19 321

表 5-2 同一时期作品翻译目标语言

排　序	1	2	3	4	5	6	7	8	9	10
目标语言	德语	法语	西班牙语	英语	日语	荷兰语	俄语	波兰语	葡萄牙语	瑞典语
翻译数量	290 918	239 655	228 272	153 433	130 625	111 242	83 278	76 616	74 705	71 107

来源：翻译索引，2012 年 9 月。①

① The database can be interrogated for the most up-to-date figures: http://portal.unesco.org/culture/en/ev.php-URL_ID=7810&URL_DO=DO_TOPIC&URL_SECTION=201.html.

德语,它们也处于中心地位;接下来是处于半中心地位的另外七八种语言(例如西班牙语、意大利语和俄语);除此之外是剩余的其他语言,它们加在一起大约占译本数量的1%。"在国际翻译市场,这些语言可以被看作是边缘语言,尽管其中有一些语言被规模庞大的人群所使用——比如汉语、日语和阿拉伯语"。① 这种核心-边缘的模式会导致一个后果,即在说核心语言的国家,作品的翻译比率更低,而在说边缘语言的国家,作品的翻译比率更高。此外,与本土语言相比,现在一些作者更倾向于用英语进行写作,然后再将其翻译后销往本土市场。其中一个典型案例是斯洛文尼亚哲学家斯拉沃热·齐泽克,他用英语写作,然后再将作品翻译成斯洛文尼亚语。

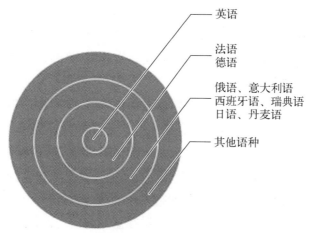

图 5-1 核心-边缘模型

有一个致力于促进国际文学发展的网站叫"百分之三",这个站名的由来就是因为在美国发行的图书只有 3% 是翻译作品。②

---

① Heilbron, op. cit.
② http://www.rochester.edu/College/translation/threepercent/.

翻页：书的演变

查得·波斯特曾经指出我们想要阅读国际文学的原因，这个原因可能会使我们当中的一些人觉得不舒服。他认为，不管书籍是哪国的，它都应该立足于自己本身的价值。

> 很多人想要读其他国家小说的一个原因是"想感受一下其他文化下的生活方式"，这种生活既甜蜜又让人向往，或许有些像电影《沉默之爱》一样（电影讲述了一对富有夫妇通过给无家可归的孩子棒棒糖，寻求生活的改变），但这是说得通的。不是吗？为什么我们总是假设日本作家会对日本文化做出解释呢？①

但是，如果我们跳离欧洲中心论的观点来看待世界文学，不论动机为何，我们都有必要拓宽我们的视野。随着人们出行的增多，他们对新的文化和经历的接受程度越来越高，将阅读扩展到其他文学领域自然是理所当然的事。

劳伦斯·韦努蒂一直对翻译作品中的贸易不平衡问题持高度批评的态度，他认为这会给文化发展带来严重的不良后果。这种不平衡不仅支持了美国和英国文化的扩张，也促进了单语文化在这些国家的发展。此外，读者已经习惯了非常具有可读性的流利的翻译，而忽视被认为很晦涩的文本。他主张对译者的工作给予更高的价值来抵消对他们的无视："在流畅翻译的前提下，译者努力使他的/她的工作'隐形'，使其产生一种透明的虚幻效果，同时掩盖这种幻觉：也就是说，使译文看起来是那样自然，就好像没有

---

① http://www.rochester.edu/College/translation/threepercent/index.php?id=4712, accessed 28 September 2012.

被翻译过一样。"①他坚称,在英国和美国文化中,译者只是一个朦胧的存在,他还引用了1981年约翰·厄普代克在《纽约客》上发表的对伊塔罗·卡尔维诺和君特·格拉斯作品的评论,里面几乎都没有提到译者。

在一定程度上,现在情况已经有所改善,像安西娅·贝尔这样知名的译者已经家喻户晓,他们的名字现在已经成为重要的卖点被广为宣传和推广。但是,如果出版商发现推动世界文学发展的最佳方式是将其作为主流来呈现,那么强调作品是翻译过来的可能会适得其反。斯堪的纳维亚的犯罪小说(电视剧《谋杀》的成功是一个主要的例证)就其本身而言能够取得成功就证明这一策略是正确的。出版商克里斯托弗·麦理浩把史迪格·拉森的作品带到说英语的国家,他认为:"不论书在哪里,出版商都要跟到哪里。事实是,人们想在拉森作品中读到的东西完全被译本所掩盖了。确实是这样。"②当谈到他们购买的要译成英语的图书时,企鹅出版社中国分公司的总经理周海伦指出:"我们完全是从出版的角度购买这些书籍,寻找我们认为有价值的书籍。"她购买了姜戎的畅销书《狼图腾》(2008)的英文版权,后来这本书获得了英仕曼亚洲文学奖并热销数10万册。她建议,为了使图书获得成功,他们首先需要在地方层面上运作:"我们都知道图书是地方性的,一本书的成功一定起源于你的邻居也在读这本书,或者邮递员在读这本书……即使有最好的营销活动,图书也总是从地方开始,然后再向周围辐射。"③

---

① Lawrence Venuti. *The Translator's Invisibility: A history of translation*, 2nd edition. Routledge, 2008, page 5.
② Interviewed by Nicholas Wroe, *Guardian*, 29 December 2012.
③ Interviewed by the author, 14 January 2013.

韦努蒂认为,我们应该阅读一些有难度的文本,然而对"全球翻译计划"中文学翻译领域的研究表明,他们现在所面临的困难仍然是阻碍他们成功的主要障碍。① 他们痛苦地意识到他们的译文变得更难读,因此也不太可能受人欢迎。当被问及对翻译可能存在的偏见时,连锁书店的每个部门都把目光投向别处,对此闭口不谈。译者觉得出版商对翻译有偏见,出版商把责任推给媒体,媒体再把责任推给读者。然而,与读者接触最多的书商认为读者对文学翻译的偏见是微乎其微的。

像传统的中介语言——法语和德语一样,英语作为少数民族语言之间的桥梁,在翻译界扮演着非常重要的作用。例如,一部侦探小说可以借由英语作为中介文本,把它从瑞典语翻译成匈牙利语。这也反映出能够在两种语言之间直译的工作人员的短缺,而把某种语言译成英语或把英语译成其他语言的人员可能是有的。米哈·科瓦奇对斯洛文尼亚的情况评价道:"把英语翻译成斯洛文尼亚语很容易。找一个好的西班牙语翻译是可以办到的,找一个克罗地亚语或塞尔维亚语翻译也可以办到,但想找人翻译奥尔罕·帕慕克的作品就很难了。在斯洛文尼亚,只有一个人能把土耳其语翻译成斯洛文尼亚语。所以,我们把很多书籍先翻译成英语,然后再翻译成斯洛文尼亚语。"②在很多方面,一本书的英文版也很容易把它翻译成其他语言,正像芭芭拉·简·杰特瓦给韩国作品提出的建议一样:"出售作品的英语版权有利于作品在其他地区的销售,因为英语翻译可以委托别人来做,然后再与他人分享。许多外国编辑没有韩国读者或韩语翻译,所以他们读英文版而不

---

① Dalkey Archive Press. *Research into Barriers to Translation and Best Practices: A study for the Global Translation Initiative*. March 2011.
② Interviewed by the author, 23 January 2013.

是直接读韩语版。"①

电子书

随着电子书的出现,英语出版商的图书销量在国际市场上已经有所提升。即使没有中间机构促进实体书的发行,英文电子书也有可能到达世界的任何一个角落。出版商拥有某本书的全球版权,他就可以在全球范围内提供电子书,同时将版权出售给翻译商。对于像 Profile Books 的出版商迈克尔·巴斯卡尔来说,"现在的图书市场比以往任何时候都更加国际化,所以你必须从国际的视角来思考书籍,而我认为之前世界上大多数出版商都是从国家的角度来思考的"。②

在一些市场上,英文书籍直接与当地语言的翻译版本展开竞争。荷兰就是一个典型的案例,那里的出版商都尽力使他们的翻译版本与当地发行的英文版本接近。但是,如果电子书的价格足够划算,读者还是很可能会去读英文版本。吕迪格·魏申巴特认为,价格因素在荷兰和斯堪的纳维亚等市场还是有影响力的,因为这些国家的英文阅读比率已经很高。"在这些市场上,有很多人是用英语进行阅读的,那么出版商就要考虑是否有必要把一本书从英语翻译过来,因为主要的读者群可能已经读过这本书了。一方面是时间,另一方面是价格。本地读者可以以很低的价格买到英文电子书。而本地出版商的翻译成本会很高,并且小批量印刷的成本也要高得多。"③米哈·科瓦奇认为从斯洛文尼亚的情况来看

---

① Interviewed by the author, 5 March 2013.
②③ Interviewed by the author, 20 December 2012.

> 翻页：书的演变

"当地的出版商都在争夺英文书，这也就意味着英文电子书同样面临着严峻的问题"。①

也可以这样理解，如果出版商愿意冒延长回笼资金的风险，他们可以委托别人进行翻译并将其作为原始版本的一部分进行销售。类似于电影或应用程序可以有一系列语言选项一样，电子书也可以进行语言选择；按一下键子就可以显示双语版本，在对开页上显示文本。如果出版商想要按照所需求的任何语言生产电子书，那么机器翻译的前景又会如何呢？它是否能根据客户的需求自动完成呢？现在看来，即使读者愿意在阅读的过程中失去一些原文的意思，轻松阅读对小说来说也是不可取的。

对于非小说类的作品，你可能只是在获取信息，而不是体验阅读的舒适性，这些作品机器已经能翻译得很好了，它们可以提供足够好的内容。其中最突出的要数谷歌翻译，它能提供非常好的翻译结果，因为它的优点是可以在网络中搜索某个短语以前的译法——通常这些译法都是专业翻译人士翻译的。这种机器翻译是基于多人努力的结果，杰伦·拉尼尔对于机器翻译的影响感到不满："这种基于云翻译的行为是在冒充译者提供那些根本不存在的例子，以此节省成本。随着每一次所谓的自动翻译，作为数据来源的人类正一步步逐渐地远离自己的工作岗位。"②

然而，随着更多的机器翻译被使用，水也就变得更加浑浊，因为谷歌不一定能区分翻译来源的质量。③ 马来西亚国防部用谷歌

---

① Interviewed by the author, 23 January 2013.
② Jaron Lanier. *Who Owns the Future*? Penguin, 2013, Loc 316 of 5429.
③ Francesco Pugliano. 'Microsoft, Google, and the future of Machine Translation'. from blog *Localization in Silicon Valley*, 28 October 2011. http://rosecourt.wordpress.com/2011/10/28/microsoft-google-and-the-future-of-machine-translation/, accessed 5 October 2012.

翻译在其网站上制作英文网页,有一个短语"pakaian yang menjolok mata"在马来西亚语中意思是"暴露的衣服",而谷歌翻译成"醒目的衣服"。①

尼古拉斯·奥斯特勒在他的《最后的通用语言》中曾经介绍了一个研究,这个研究分析了欧盟一项为期12年的项目的成果,该项目旨在在成员国使用的9种语言之间建立一个机器翻译系统,然后将其在成员国之间使用(该报告发表于1990年)。很显然,该项目没有建立一个有效的翻译系统,就连最终的报告本身都模棱两可。在该报告的法语版本中,这个项目被认为是不合格的。在英语版本中,它的用词是"不充分"。② 这些细微差别凸显了在完善自动系统方面的难度。

2012年,谷歌翻译提供了包含64种语言的翻译系统,包括拉丁语、泰米尔语和威尔士语。同样,要完成翻译必须依靠英语的主导地位,将其作为中介语言。正像大卫·贝勒斯评论的那样:

> 谷歌提供的服务似乎使语言之间的关系扁平化、多样化,这超出了欧盟最热心的语言对等支持者的最大胆的设想。但要做到这一点就必须充分利用、确认和加强世界上使用最广泛的翻译语言在翻译文本电子数据库中的中心地位。③

贝勒斯指出英语侦探小说很可能被翻译成冰岛语和波斯语,

---

① The AMO Times, 28 January 2012.
② Nicholas Ostler. *The Last Lingua Franca: English until the return of Babel*. Penguin, 2010, pages 257–258.
③ David Bellos. *Is That a Fish in Your Ear? Translation and the meaning of everything*. Penguin, 2011, page 264 of 377 in ebook.

这为两种语言之间的互译提供了机会。他认为,《哈利·波特》的真正神奇之处在于它使文本能够从希伯来语翻译成汉语。随着时间的推移,机器翻译的质量会逐步提高;但即便是作为一种媒介,人类译者也有其一席之地以致敬原作者的写作风格和方法。

走向全球

数字技术的发展拓宽了图书的发展空间,也为全世界的作者和出版商提供了新的机会。2011年,江苏科技出版社出版了一本关于针灸的电子书,并在苹果商城上架。这本书的销量一般,只有1 000本,但是60%的购买者是欧洲人和北美人。出版社的业务经理刘峰说:"与传统纸质书相比,电子书提供了一种更容易将图书输出到国际市场的方式。"[①]传统的模式很可能是将图书的印刷权卖给一家海外的出版商。

现在用户可以更直接地将他们的想法融入书籍的写作和出版中,这同样适用于翻译领域。顾客的购买和反馈可以告诉我们哪些书应该被翻译过来,亚马逊跨文化出版事业部就是基于这样的想法创建出来的。该业务中有论坛,顾客可以在里面发表自己的意见,该项目的研发团队可以通过查看亚马逊的销售记录和客户评分数据来开发潜在的项目。

在那些实体书分销系统不完善的国家,电子书能够带来更多的便利。一系列内容可以直接从国内出版商那里获得,也可以从

---

① Huo Lee, in China Publishers Magazine, *Special Report for the London Book Fair 2012*, page 23. http://publishingperspectives.com/2012/04/sponsored-post-report-from-china-publishers-magazine/?utm_source=feedburner&utm_medium=feed&utm_campaign=Feed%3A+PublishingPerspectives+%28Publishing+Perspectives%29, accessed 20 December 2012.

国际型的出版公司那里获得。全球化趋势是所有渴望保留地方特色和文化的人关心的问题。这些问题并非图书所特有的，很多消费者想要融入最新的移动设备、电影或畅销青少年小说的潮流中。然而，在一些国家实体书销售直线下降，电子书销售的增长加速了这种趋势；同时，全球畅销书的崛起不利于本地图书市场的多元化。到目前为止，电子书的发展为英文书籍带来了更多的便利，使其能够到达世界的任何一个角落。同时，在其他媒体面前保持图书的地位、认可它的优越性是有好处的，因为同质化的危险一直存在，在翻译领域这种状况也几乎没有任何改变。为了使作者和书籍能够在不同文化之间顺利流动，采取必要的干预措施仍然是很有必要的，这包括国家对翻译和项目的补贴，这些补贴可以用来帮助作者在其他国家的活动或媒体中进行宣传。

第六章
多样性与趋同性

随着移动设备使用的增长，不论是智能手机还是平板电脑，消费者都可以通过一台设备访问一系列的内容，不同媒体之间的界限只能变得越来越模糊。带有多媒体内容的图书、网站或杂志之间有什么区别呢？一本带有动画和不同指示路径的儿童电子书和游戏之间已经没有什么区别了。无论是作者、出版商还是其他参与者都试图为用户提供各种各样的产品和服务，内容的创造者将不得不以新的方式进行思考和协作。

书籍仍然是一种差异化产品，还是我们将会有新的组合产品，像mook（杂志书籍）一样？书籍和其他内容之间的联系又将如何发展？内容的融合是否会使用户能够自己进行访问、存储或进行个性化的选择？手机或眼镜上的现实增强技术会以新的方式为我们提供更广泛的内容吗？

语义网

下一代互联网——Web3.0的概念对于书籍的未来有着重大的影响。首先，蒂姆·博纳斯·李提出了"语义网"这个概念，它的发展将意味着更有效的搜索,这些搜索结果将根据语义进行过滤,而不仅仅是关键词的相关性。搜索引擎已经能够了解用户的行为,并生成个性化的结果。例如,搜索过托尔金的图书爱好者可能看到相关的搜索结果更倾向于现有的出版物,而不是彼得·杰克逊的电影。2012年,谷歌知识图谱问世,它以多种语言的优势为用户提供更贴近其需求的语义搜索结果,例如,如果你搜索了马丁·路德·金的演讲《我有一个梦想》,那么它会预测你可能想找到它的文本或视频剪辑。通过对我们搜索历史的分析,广告商能够以一种非常有效的方式投放广告,这就是所谓的大数据的魅力。随着对我们媒体使用和阅读习惯的深入分析,这可能会走得更远。

一旦搜索引擎和其他系统对数据的意义有了更成熟的认知,这将使机器之间的交流变得更加有效:

> 语义网不是一个孤立存在的网络,而是当前网络的扩展;在这个网络中,信息已经被赋予了明确的意义,这使得电脑和人之间能够更好地合作……随着机器能够更好地处理和理解它们目前所显示的数据,更多的新功能也将被引入。[1]

为了实现这一目标,信息必须被更加一致地进行标记,以便对语义进行足够深入的编码,使得机器能够以有意义的方式处理这些信息。

英国广播公司(BBC)曾经与开放数据内容的 Music Brainz 进行合作,向音乐爱好者提供艺术家的相关信息。他们的服务是使用语义标签来获取网络上已有的一系列信息。其隐含意义是,它

---

[1] Tim Berners-Lee, James Hendler, and Ora Lassila. 'The Semantic Web'. *Scientific American* (2001), May.

> 翻页：书的演变

很难提供新的信息，但对于想要收集一系列内容的用户来说是十分有用的。如果你想查找莉莉·艾伦的条目，它包含她的维基百科传记和其他来自网络的链接，比如她自己的网站，上面有BBC播放的曲目、播放时间和DJ的信息；还有BBC对她专辑的评论链接，以及其他相关的语义链接，比如她是演员基思·艾伦的女儿；同时，基思·艾伦也是一位音乐家，他曾与达米安·赫斯特一起出现在Fat Les乐队中。

2009年，音乐编辑马修·肖特说："这是BBC正在进行的大变革的一部分，人们正在从传统的内容生产系统（纸质时代）转向以动态方式使用数据（网络时代）……这背后的基本原则是，让我们试着深入研究我们感兴趣的东西。我们真正感兴趣的不仅仅是身体的休闲，而是将专辑或艺术家这些概念作为一种文化实体来构建。"①

对于内容行业来说，语义标记的优点在于信息更容易或更有助于被计算机程序发现；继而，计算机有可能从相关的数据源中创建新的内容，这些数据源包括政府数据、用户生产的内容或发布的文本、图片和视频。安德鲁·芬利森认为，因为内容是以这种方式被生产出出来，我们的版权和法律制度将面临进一步的挑战。

> 数据将变得很容易收集，网络用户会反复使用这些信息，并按照自己的方式进行解释。这将对我们的版权法、合理使用以及隐私权等观念形成挑战，因为数据会在没有归属甚至没有验证的情况下自由流动。你可以设想，在未来10年的某

---

① Interviewed by Tim Ferguson in *Business Week*, 21 January 2009.

一天，机器会将故事拼凑在一起，然后从它们收集和呈现的数据中删掉关键的上下文，从而犯下诽谤罪。①

机器除了能够对体育赛事、天气和财经新闻进行简单的信息编辑，它们还可以为旅行指南、地方历史等非虚构书籍进行内容收集。机器这种能力的发展是与新闻和报纸领域内容的商品化相伴相生的。

尽管应用程序已经可以在网上公开地使用内容，但是很多发布的内容并非免费的。一些出版商开始设法更轻松地获取数据集，例如现在培生集团向应用程序人员开放一些内容。2013年，向企鹅出版社和多林·金德斯利出版社提供了应用程序接口，该接口允许访问以结构化呈现的内容；注册后，开发者可以在他们自己的应用程序中使用这些内容，既可以在适当的确认下使用，也可以在付费后使用。如果一本书被适当地编码，并作为接口开放，那么任何人都可以为内容创建新界面或使用新界面。它可以是旅游书籍的交互式地图；可以是《傲慢与偏见》的界面，显示谁正在阅读这本书以及他们对每一个章节的看法；也可以是与网络上某个地方的纪实材料和相关内容相关联的传记。这样的发展将使图书内容参与到语义网络的创建中。

在增强现实技术的作用下，计算机技术增强了我们对世界的看法。这些技术的发展将使用户能够获得高度贴合他们需求的信息。例如，在市中心漫步时，他们可以获得关于餐馆、商店和景点的位置信息，他们的移动设备上会显示方向和其他信息，

---

① Andrew Finlayson. 'The Peril and Promise of the Semantic Web: What is the role of the journalist as computers become more adept at pulling together data from different sources?'. *Nieman Reports* (2010), Summer, page 63.

同时显示地点视图。这些信息也可以显示在耳机或眼镜上,技术公司已经投入生产此类商品了。这些设备的出现也意味着,你不必在屏幕上阅读书籍,书籍的文本和图像完全可以显示在你的眼镜上。

增强现实技术已经被应用到书籍中了。2012年,英国男子音乐组合"单向乐队"的一本图画书出版了(与他们的专辑《带我回家》放在一起)。如果你下载了免费的应用程序,就可以通过移动设备观看视频内容。这是纸质内容与多媒体协同合作的范例。

随着搜索功能变得越来越复杂,文本的霸权地位很可能会被取代。有了移动电话,你可以在简单的搜索中问一些问题,比如你所在地区的天气情况。这可能会演变成更复杂一点的对话,在这种对话中,有语言就足够了,不需要对文本结果进行整理,因为答案的准确度很高。阿德里安·范德维尔利认为:"文本性所依赖的历史环境即将终结。它可能即将被不同的、更有效的机器对机器和机器对人的通信方式所取代。"[1]

书籍该怎么办?

语义网的实现还有很长的路要走,我们无法准确地预测它的影响会有多广泛。与此同时,文本仍与我们同在,书籍正朝着有趣的方向发展。

数字技术将书籍从物理形态中解放出来的可能性还有待深入探索。从经济和机制上来看,添加多媒体内容只会变得更容易,并

---

[1] Adriaan van der Weel. *Changing our Textual Minds*. Manchester University Press, 2011, page 220.

符合不同类型媒体使用者的期望。随着书籍实时更新的可能性变得越来越大,书籍和网站之间的界限也变得越来越模糊。作家兼设计师克雷格·莫德认为:

> 电子书的边缘正变得越来越模糊——现在网站和书籍之间的技术差别已经很模糊了;在很大程度上,二者的差别在于语义。Epub(一种电子书格式)是一种压缩的 HTML 包,就像 mobi(亚马逊的电子书格式)一样。我们把众多的网页压缩,并将其称为"书"。这不仅适用于书籍,也适用于所有的数字媒体。数字技术使我们能够获取某些媒体里面的部分内容(单个的音乐曲目、书籍中的章节),还可以在网页里面圈圈点点,创造属于我们自己的新的"专辑"或"书籍",这是传统实体媒体所无法比拟的。①

工具将使用户更轻松地管理自己的网页和重新编排里面的内容,并与他们的朋友们分享,这对他们访问内容所依据的许可证有重要意义。阅读一本书的体验越来越接近阅读网页了。使用一些电子阅读平台,你可以选择向下滚动文本,而不是使用页面格式阅读。跳转链接可以扩展书籍内容的功能和范围。以"佩皮斯的日记"这个网站为例,该网站每天发布它的原创日记,并且欢迎读者对日记里面提到的人和地方等信息进行注释;通过不断添加新的信息,一篇日记可以长达几千页。地图上的叠织部分凸显了 17 世纪伦敦的相关特征。②

书籍变得越来越像网站,这也有弊端。书籍可能会不太重视

---

① Interviewed by the author,1 February 2013.
② See www.pepysdiary.com,accessed 16 March 2013.

设计的质量,比如布局和排版。对于书的作者来说,完成一本书的写作是一种解脱,这意味着他们摆脱了要不断更新的诅咒;而对于博客和网站来说,这种诅咒将一直相随。书籍的出版周期相对较长,因此十分注重书籍的质量。作者要在规定期限内写出一本经过深思熟虑的、不断润色的书籍,这对读者来说是一件幸事。如果书籍经常变化,那又将如何将其记录下来呢?

数字技术将书籍从印刷的束缚中解放出来,现在书籍的长度可以无限延展了——不再受印刷成本和印刷质量的限制。如果读者是按照章节付费的话,那么一个成功的中国网络作家可能不想结束自己的故事。但是这样的一篇文章与一部完整的作品相距甚远,而且可能会变得杂乱无章,毫无结构性可言;它开始变得像是一部过了"保质期"的连续剧。相比之下,在一些西方市场,作家和出版商正在尝试出版短篇小说和短篇书籍。正像赫伯特·乔治·威尔斯在1895年出版的中篇小说《时间机器》中曾经预言会有很多人阅读书籍一样,作家们也预见到,读者们会喜欢看以数字形式出版的短篇作品。[1] 当杂志停止刊出短篇小说时,这个市场就基本消失了,现在它正以数字的形式回归。以前,由于短篇小说的文本太短,所以不能制作成一本书,现在它们可以以数字的形式出版,价格也可以根据市场预期进行调整。当谈到出版计划时,Profile Books的迈克尔·巴斯卡尔说道:"我们已经出版了一些短篇的作品,例如我们已经出版了一些介于短篇小说和中篇小

---

[1] Wells wrote the book first as five instalments for serialization in the *New Review* (from January to May 1895), and the book was published by William Heinemann in May. In an interview in the *New York Herald* in 1905 (15 April), Wells claimed to have written the story in a fortnight. See Bernard Bergonzi, 'The Publication of The Time Machine 1894-5', *The Review of English Studies*, New Series, 11: 41(1960), February, pages 42-51.

说之间的电子书;我们出版了一些短篇小说集,也正在尝试长篇的新闻报道。这样做的好处就是你会让阅读变得更加经济、划算。"①

关于数字发行的不同动态,亨利·法雷尔这样写道:

> 每本书的平均篇幅反映了印刷业的经济状况,也可以由此猜测出购书者的购书意愿,它比书本身所蕴含的实际知识内容要多得多……我想,如果人们为一篇长文(大约2万字)付了费,他们可能会觉得被骗了;但如果他买了电子版,这种感觉就会有所减轻。在理想的情况下,我们终将生活在一个这样的世界里:人们不必为了发表文章或得到报酬而把文章的篇幅加长。②

不过,对于短篇的或纪实文学来说,也可以通过其他方式与读者们交流,一篇定期的博客文章可能会吸引更多的读者,甚至是国外的读者。

书的生命周期也有所变化,从传统的精装本到大开本的平装书再到面向大众市场的纸皮书。书在印刷出来之前可能以电子书的形式存在;它可能会走从自助出版到主流出版物再到按需提供纸质版的电子书自助出版的路线。作为一本电子书,它的价格可能会有所波动,从作者免费赠送到只提供一天的特价,或者为了确定价格是否有弹性而快速变化(需求对价格变化的反应程度)。相

---

① Interviewed by the author, 20 December 2012.
② Henry Farrell. 'Towards a World of Smaller Books'. blog at Crooked Timber. http://crookedtimber.org/2010/02/09/towards-a-world-of-smaller-books/, accessed 29 December 2012.

翻页：书的演变

应地，作者的身份也变得杂糅起来，在主流出版物、独立出版的电子书和个人电子书之间不断切换。

书仅仅是一个承载内容的容器还是比它的各个部分总和更大的东西？许多非小说类书籍可以被分成单独的章节，然后分别阅读——如果那正是读者想要阅读的内容，那将给读者带来很大的便利。正像传统的参考书目已经从整本书的形式变成通过搜索或浏览功能进行在线访问一样，这将对传统书籍的形式和范围带来挑战。这种对书籍形式的冲击可能导致一代人对书籍形状和结构的陌生。我们有一场饮食运动，现在是时候为书籍发起一场运动了。

随着音乐变得越来越多元化，旧的结构正在逐渐消失，我们听音乐方式也在不断变化。亚当·高普尼克曾写道：

> 我家十几岁的孩子和我一样对音乐着迷，但他们听音乐的方式和我完全不同。他们不喜欢客厅闪闪发光的放大器和优雅洪亮的扬声器。相反，他们经常喜欢戴着小小的耳机或用电脑上更小的扬声器。几个小时几个小时地听泰勒·斯威夫特或电台司令乐队。相对于他们从音乐中获得的其他东西而言，音质似乎是次要的……他们对更大的形式、对双面唱片、对交响乐是有 3 部分还是 4 部分、对大合唱的高潮部分和结构知之甚少。这不是古典与流行相对立的问题，而是边玩边听还是带着庄严肃穆的心态去听的问题。就像贝多芬的第九交响曲一样，佩珀军士的孤独芳心乐队的歌曲同样使他们困惑不解。他们抢着听音乐就像我们抢着看电影一样，急切地往脑子里塞满各种画面。①

---

① Adam Gopnik. 'Music to Your Ears: The quest for 3-D recording and other mysteries of sound'. *New Yorker*, 28 January 2013.

第六章 多样性与趋同性

在第二章我曾经写过电子书如何让我们失去了对实体书的心理映射。有了个人电子书,我们就能知道某物在页面的什么位置,或者通过这本书我们能知道它的年代。电子书有一个现成的搜索功能,但我们不能简单地滑到这本书的 2/3,然后在左手边找到我们要找的段落。① 从长远来看这或许无关紧要,但这或许解释了为什么电子书在英国的通俗小说领域而不是纪实小说领域取得了更大进展。2012 年,英国的犯罪小说市场下降了 25%。② 克雷格·莫德认为我们已经失去了对书的记忆:

> 无论你多么努力尝试,实体都不是数字的固有部分(这与赋予数据界限不同,后者更多的是关于数据集的心理关系而不是记忆和实体的)。但是,我们正在获取更强大的工具——这就是为什么极速界面以及我们标记的高亮和笔记如此重要的原因。我们应该只需要敲几个关键字,然后将所有高亮显示与出现在书籍链接中的这些词语相关联。③

到目前为止,电子书的发展最令人震惊的是功能电子书即纯文本电子书是其中发展最快的。早期的预测认为添加了音频和视频功能的增强版电子书会有长足发展,当你读《傲慢与偏见》的时候,你可能会转到凯拉·奈特莉饰演的伊丽莎白·班奈特的电影片段。有了增强现实技术,我们只需将智能手机对准小说文本。相似的故事可能有不同的结局,你只需要轻触屏幕,就能充分实现

---

① The X-Ray function in the Kindle platform offers a view of the structure of a book, such as its essential people or topics, but is still limited in its functionality.
② 'Review of the Year: Part four — genres'. *The Bookseller*, 1 February 2013.
③ Interviewed by the author, 1 February 2013.

| 翻页：书的演变

超文本小说的幻想。

在现实生活中，如果人们在读小说时，其他人对小说中的人物夸夸其谈，那么他们肯定会很生气。他们想要激发自己的想象力，他们可以改天再去看电影版。通常情况下，如果你真的很喜欢一本书，无论如何你不一定想看它的电影版。马克·哈登在谈到他的小说《深夜小狗神秘事件》时说道："读者会在不经意间填补书中的内容……我想这就是为什么很多人都觉得自己是这本书的作者的原因之一，因为当他们合上最后一页的时候，在很大程度上他们会觉得这本书是他们自己写的。"①

此外，如果我们想进入一个有许多不同结局的世界并创造属于自己的角色，我们还可以通过玩游戏来满足自己的这个愿望。不过，关于互动小说的新实验正在进行中，读者可以浏览完整的故事，而不会像游戏那样因为完不成关卡而感到沮丧。故事机制杂志社的西蒙·米克说："理所当然地，游戏有一道道障碍，你必须努力闯过去才能到达终点。通常情况下，障碍的难度会越来越大，这也就意味着大多数人并没有完成他们一开始玩的那个游戏。"开发具有超强故事性的产品被视为游戏发展的新机遇。用户可以进入一种沉浸式环境——例如电影改编的游戏《三十九级台阶》中第一次世界大战前的伦敦——并自己决定他们将如何探索这个世界。在不改变故事基本情节的情况下，用户可以对游戏中的选项进行管理。每个人都喜欢故事，但不是每个人都喜欢用书的形式来阅读故事；而游戏这类产品可以吸引更广泛的受众，包括"那些以前玩游戏但现在不玩的人，即失效玩家——你也可以管他们叫被剥夺权力的玩家，因为他们曾经喜爱过的东西已经消失了。这就必

---

① Mark Haddon. 'The Curious Incident's Origins'. programme for the National Theatre stage production, June 2012.

然产生了互动体验中的故事和叙述的概念"。① 鉴于每个人都可以通过各种各样的设备获得互动娱乐,因此其市场潜力是十分巨大的。

在数字设备上阅读可能会加快我们的阅读速度,但也存在着一个风险,也就是我们又退回到我们在网络上使用的阅读方式,在阅读时我们总是急于找到相关的事实和相关部分。书籍可以让人放松、让人沉思、让人灵感迸发,如果你不急于看惊悚小说的结局的话,你可以慢慢品味而不是草草读完。如果非虚构类作品受到冲击,那么许多叙述性的非虚构类作品和那些论证类的书籍将变得毫无意义。对于书籍来说,将媒体与移动设备融合是其发展的一个机遇,但也有一个风险,因为其他媒体的干扰是显而易见的。在前面比尔·科普撰写的一篇文章中,我们已经讨论过书籍不是一种技术,而是基于文本的信息架构。② 这就说明了一个事实,即书籍已经脱离了它的物理形式,它不仅仅是一个产品。但现在有些人认为书籍只是一种容器,它就像专辑一样,随着电脑下载的实现,它可以随时被丢弃。这种观点得到了下面这种看法的支持:即认为书籍是印刷技术和经济模式的产物,作者和出版商完全按照印刷出版物的规定行事。

克莱·舍基认为也许书籍无法在向数字设备的过渡中生存下来,就像卷轴无法在向活字的过渡中生存下来一样……当作家有机会使用印刷机时,你就能看到书籍,就像音乐家有机会使用激光打印机时,你就能得到这张专辑一样。没有了媒体,那些看似有内

---

① Interviewed by the author, 19 March 2013.
② Bill Cope and Angus Phillips (ed.). *The Future of the Book in the Digital Age*. Chandos, 2006.

| 翻页：书的演变

在逻辑的思想很可能会成为对媒体的束缚。[1] 书籍的支持者,包括本书的作者在内,对上面的观点持怀疑态度。书籍仍然是人们叙述和进行持续讨论的中介。同时,随着数字技术的发展,书籍的范围也在不断扩展,涵盖了应用程序、增强型电子书、短篇写作和互动游戏。随着自助出版的发展,书籍推向市场的速度会变得更快,作者的身份变得更加大众化,读者可以为编辑的决策出谋划策。对于出版商来说,继续使用"书籍"这个术语的好处在于它代表了高质量,并且到目前为止,在消费者眼中它拥有更高的价值。2010 年,当费伯推出他们的应用程序"太阳系"时,他们仍然把它称为书,以将其与其他低价位的应用区分开来。书籍对教育、对年幼的孩子、对后代都有重要的意义。

全部免费

我们希望用其他媒体的商业模式来塑造图书的未来。云服务意味着任何人都不需要真正拥有内容;有了一系列的设备,用户就可以,并且随时能够访问电影、音乐、电视和书籍。网上数据库将扩展到无所不包的程度。作为对每月费用的补偿,订阅服务将不再提供 CD、DVD 的拷贝或纸质书籍的复印版;花费更多的费用可以实现对内容更多的控制。这最终是对我们生活空间的一次很好的整理,可以实现极简主义的外观和干净利落的布局。从短期来看,旧货商店或二手商店将会有一次"大丰收"。虽然在很多国家,生活空间只是小公寓或房子,并且人们没有囤积物品的习惯(或者

---

[1] His comments featured in a response to a post on Nick Carr's blog entitled 'Will Gutenberg Laugh Last?' http://www.roughtype.com/?p=2296&cpage=1#comment-24085, accessed 19 February 2013.

家庭预算不支持人们这样做)。你不会拥有自己的书,但目前电子书的授权模式并非如此。

那么有哪些缺点呢? 用安东尼·鲍威尔的话来说,书确实装点了我们的房间。对于某些年代的人来说,他们对书籍有相当深的依恋,而纸质书籍赖以生存的流通渠道往往是从一代人传给另一代人的。① 我们或许不会对廉价精装书被替代而感到惋惜,但它们仍然承载着我们生命中特定阶段的记忆。想要随时获取内容是需要依赖于电力和互联网的,即使是在最发达的国家,这也是不一定能做到的。在极权主义国家,如果社会处于动荡时期,那么云服务器就有被关闭的风险。即使是数字阅读,家里摆放一本高质量的纸质书也是一件具有吸引力的事。可以说,这对于书籍的设计和生产是一种很好的促进。

促使书籍价格下跌的一个原因是市场供给过剩。对于我们任何人来说,在一生中可以阅读的书籍太多太多,愿意写书的作者并不缺乏,有很多的写作形式(从博客到小说),出版书籍的途径也很多。出版商已经开始从网上挑选作品,新作者为了吸引读者愿意免费提供他们的作品。价格在网络市场上很有影响力,一本书只要 20 便士的低价就可以拉动销售。

当然,现在有很多免费的书籍,包括著名作家的书籍。一种司空见惯的做法是:允许你免费下载新书的前几章,以此唤起你的兴趣。你在书中哪个地方停留的时间比较长或者你把哪里高亮显示,广告就会精准营销到哪里。更多广告和更低价格也会压低电

---

① Robert Darnton. 'What is the History of Books?' *Daedalus* (1982), Summer, pages 65 – 83. The model of the communications circuit was developed by Thomas R, Adams and Nicolas Barker in 'A New Model for the Study of the Book', in Barker, A *Potencie of Life: Books in Society. The Clark Lectures 1986 – 1987*, British Library (1993), pages 5 – 43.

子书的价格。作者可能会允许它是免费的,但他们可以观察你的阅读习惯,然后借此来改变他们的下一本书。

如果书籍的价值像音乐和报纸一样从这个系统中消失,那么整个书籍系统就将陷入焦虑之中。支付给作者的钱越来越少,支付给高质量的文本编辑、字体和插图的钱也越来越少。有些人认为随着读者开始关注质量,质量才是书籍的根本,但是这会降低作者进行长期写作和出版商投资的动力。就传记而言,学者们仍然可以考虑得长远一些,但对于已经受到经济衰退影响而削减开支的自由撰稿人来说,这就难上加难了:"自 2008 年以来,预付款大幅下降,因此,那些曾经获得 10 万欧元预付款的作者,现在也就只能获得 1.5 万欧元。1.5 万欧元对于一本大传记所需要的 5 年时间来说并不算多。"对于自由职业传记作家来说,依据现有纸质材料写出一本小型传记还是勉强可以的。①

作为书店的橱窗,实体图书的销售是至关重要的,它可以吸引那些不熟悉作者的人去浏览和购买书籍;但从长远来看,它肯定会像那些街头唱片店一样,无法适应未来的数字环境。无论是纸质版还是电子版,任何一本书我们都可以在网上买到;但是,我们要对书籍进行策划以促使读者阅读新的东西,否则我们就会面临阅读范围缩小的前景。现在已经有一些分享文章和观点的网站,有一些根据你对社交媒体的使用情况推荐相应文章的程序,以及允许你在 Facebook 和 Twitter 上分享阅读内容的电子书平台。②

---

① Kathryn Hughes. 'The Art of Biography is Alive and Well'. *Guardian*, 15 February 2013.

② For example, BookRx analyses your tweets and recommends books.

融合

很多前沿领域都正在进行着媒体融合。移动设备使用的增长使得很多媒体的使用得以在一台设备上完成,无论是智能手机还是平板电脑。在图书消费水平较低的国家,用户不大可能购买单独的电子书阅读器。例如,在巴西,人均每年的图书阅读量只有两本,而这个热爱科技的国家正在大肆购买手机和平板电脑。① 手机变得越来越大——平板手机的大小接近电子书阅读器——而平板电脑则有各种各样的便携格式。只要能上网,任何人都不会脱离社交媒体的,他们随时都可以了解最新的新闻、时下的游戏甚至最新的畅销书。用户不再关心传统媒体的边界,也不关心是哪个出版商制作的他们正在使用的应用程序或他们正在向朋友传送的视频。报纸提供了一系列的内容,从文本到图片库、视频,再到 YouTube 上猫的惊人之举的链接。这些内容可以通过书籍或杂志的独立应用程序访问,也可以通过 Flipboard 等社交杂志访问,后者结合了用户最喜欢的社交媒体和网站内容。

融合不仅仅是一种技术现象,用户也是在将不同媒体的内容聚合在一起。在一些具有独特风格的网站上,有些管理者正在致力于做这件事,媒体的个别消费者也在做。正如亨利·詹金斯所说:"随着消费者被鼓励去寻找新的信息,并在分散的媒体内容之间建立联系,融合代表了一种文化转变……这种融合发生在个体消费者的大脑中,并通过与他人的社会互动得以实现。"②

---

① Average figure supplied by Carlo Carrenho, interviewed by the author, 19 March 2013.
② Henry Jenkins. *Convergence Culture: Where old and new media collide*. New York University Press, 2006, loc 197 of 8270 in the ebook.

> 翻页：书的演变

世界各地的品位、品牌和最新的媒体特许经营权也在进一步融合。无论是《哈利·波特》《暮光之城》还是《饥饿游戏》，图书往往都是系列电影的起点，因此，图书仍是消费的关键组成部分。但是，冒险使用其他媒体设备的风险在于，读者会被吸引到其他方向。

下一代读者

最终，图书的未来是由图书消费者和读者之间的用户行为所决定的。我们可以相信，仍然会有作家愿意写书，从美国到印度再到中国，世界各地的年轻人都有一种强烈的愿望，那就是为他们的这一代人写小说。作者这个身份仍然有其独特的社会地位，在许多国家，面对大量视觉媒体的竞争，图书仍然有着重要的影响力。对于新一代读者来说，书籍和电影以及最新的时尚潮流一样酷。随着对新闻业投资的下降，书籍有了新的机会来阐释社会。2008年金融危机冲击全球经济时，人们对试图解释世界是如何陷入如此混乱的书籍兴趣大增。

文本仍然是重要的。它似乎是作为一种模式发展出来的，这种模式与我们的大脑配合默契，甚至是简单的单词也能对我们的大脑产生强烈的影响。书籍是强大的工具，是社会和文化的重要宝库。创建语义网的一个重要因素是信任——机器怎么判断哪个是最值得信任和可靠的信息源呢？正如我们在前面章节中所谈到的，谷歌希望把图书内容纳入其数据库的原因之一，就是他们看到了这些高质量信息的价值。将来，那些经过深思熟虑的、结构合理的、经过编辑的内容仍然是有价值的，与此同时，我们仍将需要能够激发我们想象力的故事。

第六章 多样性与趋同性

关于书籍在世界上的地位,现实主义和乐观主义二者必须调和。有关智商的研究表明,我们的词汇现在变得更加发达了,这不是休闲阅读的结果,而是由我们所处的世界的复杂性造成的。关于阅读的研究表明,如果学生是为了休闲而阅读,那么他们的学业就会更好;但其他的阅读形式也开始变得重要起来,主要是网络阅读。面对其他媒体的竞争,书籍阅读已经开始减少,书籍也不得不退居二线,不再处于显著地位。20 世纪 20 年代,巴黎的游客在读到《贝德克尔旅行指南》时会发现,书店在其购物部分的重要性排名第二,仅次于百货商店。在现代的旅行指南中不会出现这种情况,现在的旅行者更可能通过智能手机获取这些信息。将书籍转移到移动设备可能会吸引新的读者群,但这也使书籍与网络、社交媒体、游戏、视频和其他许多内容展开直接竞争。在这种环境中,我们习惯速战速决,从一项活动快速地转移到另一项活动;而长时间的阅读并不适合同时进行多项活动,比如当我们看电视的时候就不能看书。

如果我们像本书作者一样,仍然相信书籍应该在我们的社会中保持重要地位,那么读者的影响力就是最强大的驱动力。书籍的拥护者们应该站出来并得到足够的重视,确保书籍在我们的生活中占有重要的地位。父母为孩子们购买书籍,书籍在家里随处可见;学校在书籍方面加大投资,读书会、扫盲计划、城市阅读计划——这些都致力于培养下一代读者和作家。书籍的未来就在这里。

编译后记

　　集智聚力，融汇中西，上海出版传媒研究院秉持"协同、开放、创新、卓越"的建设理念，充分发挥开放式平台的功能，集聚主管部门领导、业内权威、高校专家等优势资源，积极开展对出版传媒业现状及其发展趋势的研究，致力于打造国内一流的专业性出版传媒研究机构和新型智库。本书的组织翻译和出版，是本研究院智库内涵建设的成果之一，也是研究院搭建协同创新开放式研究平台的创新尝试；对于提高出版人才培养质量、提升教师科技服务能力、推进出版学科专业建设、促进出版传媒业转型发展等都具有重要意义。

　　本书原英文版由英国泰勒-弗朗西斯出版集团（Taylor & Francis Group）旗下的劳特利奇出版社（Routledge）于2014年出版，作者安格斯·菲利普斯（Angus Phillips）是牛津布鲁克斯大学牛津国际出版中心主任。原著以多学科视角纵览数字技术背景下出版业文化生态的演进机制，内容涉及创作、出版、阅读、版权、媒介文化等"大出版"文化要素，已被国内部分高校编辑出版专业列入学生选读书目。

　　本书的翻译出版得到上海出版印刷高等专科学校的全额资

助。在学校支持下,上海出版传媒研究院依托智库专家遴选并确定选题,组织校内具有传播学和语言学学科背景的兼职研究员协作完成翻译,同时邀请校外资深专家进行译稿审校,最后交由上海大学出版社正式出版。整个项目由上海出版传媒研究院办公室主任罗尧成教授策划指导,各章内容的翻译由上海出版印刷高等专科学校唐桂芬、姜波、沈逸鲲三位老师协作完成,具体分工为:沈逸鲲译前言、第一章和第二章;唐桂芬译第三章、第四章;姜波译第五章、第六章。上海出版传媒研究院办公室副主任任娟副教授负责项目的联络、统稿和校订工作。需要说明的是,对于原著注释涉及的文献,为避免造成检索歧误,本书酌情保持原样,未作翻译。

译事维艰。感谢原著作者安格斯·菲利普斯教授的翻译授权并为本书中文版作序!感谢上海交通大学媒体与传播学院李武教授的选题指导并拨冗翻译中文版序言!感谢华东师范大学传播学院洪九来教授审校译稿!

凡是过往,皆为序章。近年来,上海出版传媒研究院先后完成了"出版传媒教育改革与前沿理论"重大战略出版工程项目的3本出版传媒学科理论探索专著《网络危机舆情演化仿真与沟通问题研究》《图书在线评论对销售绩效的影响机制研究》《学术出版的知识服务研究》,以及汇聚该院2018年度招标课题成果的著作《出版领域知识服务前沿理论及应用》,但是对标一流出版传媒智库建设,仍然存在一定差距。未来本研究院将继续聚焦出版传媒前沿问题研究,集聚业内专家思想,以打造更多在本学科领域有影响的系列专著及译著。

翻页：书的演变

  作为上海出版传媒研究院策划组织的第一本译著，本书在翻译和出版过程中可能还存在诸多不足之处，恳请广大读者特别是相关领域的专家学者批评指正，为提高本研究院的智库服务水平惠赐宝贵意见！

上海出版传媒研究院
2021 年 5 月